아무르 기타

박정대 시집

( )최측의농간

일러두기

1. 이 책은 박정대 시집 『아무르 기타』(문학사상사, 2004)의 복간본이다.
2. 맞춤법과 외래어 표기, 문장부호의 경우 현행 국립국어원 규정을 원칙으로 삼되, 띄어쓰기는 최측의농간 자체 원칙을 따랐다.

시인의 말

종이는 몽블랑 백색 210g — 함성호

이것은 그의 음악들을 기록한 악보이다 — 엄경희

언어의 문제 때문에 이 행성은
그토록 아름답고 낯설어진다 — 짐 자무시

이 말들을 시인의 말로 옮겨 적는다
말들은 또 어디론가 달아나겠지

2018년 1월
박정대

은델레 기타,
이낭가,
그리고 하노이 36거리의 낡은 풍로에게

자서

몰리에르 곁에서

몰리에르 곁에서 나는 생각한다
나의 밤은 아무래도 당신들의 낮보다 더 아름답다

고백

나는 너를 사랑한다
그런데 도대체 너는 누구인가

나 자신에 관한 누보로망

그런 걸 한번 써봐야겠다
나 자신에 관한 누보로망 같은 한 편의 시

정전

불이 나간 밤이다

내 마음이 그렇다는 거다

이럴 땐 음악으로 정전을 노래해야 한다
정전의 밤, 영혼의 게릴라들이 설치는 밤

정전이 씌어지는 음악의 밤이다

백지

창밖에는 하루 종일 비가 내린다
나는 다시, 生의 백지 앞에 몽당연필을 들고 앉아 있다

세풀베다

루이스 세풀베다의 글을 읽는다
산티아고에서 사라진 집에 대한 그의 이야기는 아름답다
그 아름다움의 조건은 청춘의 아득함과 순수함으로부터 길어 올려진 한 줌의 슬픔이다, 그의 말처럼,

그때 우리는 행복이나 불행에 대하여 알지도 못했고
알고 싶어하지도 않았는지 모르겠다
그때, 우리들 청춘의 어느 한때

세헤라자드

샤라자드 혹은 세헤라자드는
…
참 예쁜 이야기꾼

밥 딜런

그는 시를 쓰지 않고 시를 노래한다

러브 어페어

…I like watching you move

다시 몰리에르 곁에서

다시 몰리에르 곁에서 그의 수염을 바라보며 글을 쓴다
석고 속의 몰리에르는 얼굴이 하얗다 수염도 그렇다

바람이 몰고 가는 시월 밤의 어둠
그믐달 한 척

루카치

상황이
문학적 미학을 만든다

취한 말들을 위한 시간

과연, 나의 취한 말들은 험준한 영혼의 고산지대를 통과할 수 있을까?
아니, 통과한 다음에는 뭘 하지?

그리고 44번의 출렁거림

은델레 기타와 이낭가는 아프리카의 민속악기다
은델레 기타는 3줄, 이낭가는 8줄이다
은델레 기타는 너무 작아서 거기에서 무슨 소리가 날까 싶다
이낭가는 시인이 노래하거나 시를 읊조릴 때 반주 악기로 사용했다 한다
여기에 모아 놓은 44편의 시들은 어쩌면 은델레 기타와 이낭가를 연주하는 그대를 위한
나의 소박한 읊조림 같은 것이다

바라건대, 나의 읊조림이 그대 生의 기슭에 밀물처럼 고요히 스며들 수 있기를

2004년 가을
박정대

차례

시인의 말

자서

은델레 기타는 3줄이다

어제 — 19

그대의 발명 — 21

그때까지 사랑이여, 내가 불멸이 아니어서 미안하다 — 23

백제금동대향로의 오악사 — 28

악사들 — 29

내 낡은 기타는 서러운 악보만을 기억하네 — 35

어느 맑고 추운 날 — 37

네 영혼의 중앙역 — 39

안녕하세요, 투르니에氏 — 41

산초나무에게서 듣는 음악 — 45

사랑의 적소 — 46

어제 — 50

생의 일요일들 — 53

馬頭琴 켜는 밤 — 71

地上의 저녁 — 75

그대 집 — 78

환등기 — 80

하노이 36거리 — 85

하롱 베이 — 87

망기타 — 88

하노이 36거리의 시 — 102

자스민 푹푹 삶는 밤 — 108

이낭가는 8줄이다

삶의 기원 — 113

그녀에게 — 115

사곶 해안 — 117

당나귀 여린 발자국으로 걸어간 흙밤 — 119

폐허의 속도 — 121

열병나무 — 123

수염 — 126

그 깃발, 서럽게 펄럭이는 — 127

섬진족의 가을 — 129

아주 오래된 草原 — 120

인생은 빌린 배 — 132

눈먼 무사 — 135

가을 저녁寺 — 139

그녀가 걸어가 당도할 집 — 141

씨양씨양, 도요가 운다 — 143

백야 — 147

전등寺 — 158

밀롱가에서 — 160

워터멜론슈街에서 — 162

室內樂 — 164

아무르 강가에서 — 188

키스의 음악이 완성되었다 — 190

은델레 기타와 이낭가의 줄을 합치면 11줄이다
아니 44줄이 될 수도 있겠다

마흔네 줄의 불꽃을 연주하는 호랑이 — 엄경희(해설)

은델레 기타는 3줄이다

어제

아프리카 대륙의 서쪽에 세네갈이라는 나라가 있지?

거기서 대서양 쪽으로 보면 카보베르데라는 작은 군도가 보여

선 빈센트 섬이라고, 지도엔 이름도 안 나오는 섬의 만델로˙라는 항구도시에서 태어나 생의 절반을 보낸 세자리아 에보라라는 여가수의 〈카페 아틀란티코〉라는 음반이 있어

지브롤터 해협에서 남아프리카의 희망봉까지 가는 뱃길 중 가장 안전한 항구라고 알려진 카보베르데의 항구도

---

* 글을 다시 읽다 보니 오자가 있다. '선 빈센트 섬의 만델로'의 정확한 실제 지명은 '성 빈센트 섬의 민델로'이다. 그러나 나는 그것을 고치지 않기로 한다. 내가 사는 동안 정말로 가고자 하는 곳은 '성 빈센트 섬의 민델로'가 아니라, 어쩌면 이 지상에는 존재하지 않는 '선 빈센트 섬의 만델로'인지도 모르기 때문이다. 그러니까 나는 지금, 선 빈센트 섬의 만델로로 가고 있는 중이다. 같이 갈래?

시들엔 그래서 쿠바, 아르헨티나, 브라질 등에서 온 뱃사람들이 많이 드나들었다고 하고 그녀는 고향 항구도시의 카페 아틀란티코에서 남미, 서인도 제도, 아프리카의 여러 음악들을 익히고 부르며 젊은 시절을 보냈을 거야, 그녀의 목소리, 온몸을 휘감고 있는 장신구들, 80킬로그램은 더 되어 보이는 육중한 몸, 무엇보다 그 눈길, 슬퍼서 쉽게는 재킷을 들여다보지 않는데 어젯밤 늦게까지 그녀의 얼굴을 보며 음악을 들었단다

아틀란티코라는 그 공간, 목포가 아니라 나 나이 들면 만델로라는 항구도시를 찾아가 아틀란티코에 머무르면 어떨까 하는 꿈같은 생각을 했단다, 같이 갈래?

그대의 발명

  느티나무 잎사귀 속으로 노오랗게 가을이 밀려와 우리 집 마당은 옆구리가 화안합니다
  그 환함 속으로 밀려왔다 또 밀려나가는 이 가을은 바라보는 것만으로도 가슴 벅찬 한 장의 음악입니다

  누가 고독을 발명했습니까 지금 보이는 것들이 다 음악입니다
  나는 지금 느티나무 잎사귀가 되어 고독처럼 알뜰한 음악을 연주합니다

  누가 저녁을 발명했습니까 누가 귀뚜라미 울음소리를
  사다리 삼아서 저 밤하늘에 있는 초저녁 별들을 발명했습니까

  그대를 꿈꾸어도 그대에게 가 닿을 수 없는 마음이 여러 곡의 음악을 만들어내는 저녁입니다
  음악이 있어 그대는 행복합니까 세상의 아주 사소한 움직임도 음악이 되는 저녁, 나는 아무것도 하고 싶지 않아,

누워서 그대를 발명합니다

그때까지 사랑이여, 내가 불멸이 아니어서 미안하다

그날 불멸이 나를 찾아왔다

나는 낡은 태양의 오후를 지나, 또 무수한 상점들을 지나 거기에 갔으므로 너무나 지쳐 있었는지도 모른다

내 등 뒤로는 음악 같은 나뭇잎들이 뚝뚝 떨어지고, 서러운 풍경의 저녁이 짐승처럼 다가오고 있었는지도 모른다

나는 주머니 속에서 성냥을 꺼내어 한 점의 불꽃을 피워 올렸다, 영원은 그렇게 본질적인 불꽃 속에 숨어 있다가 어느 한순간 타오르기도 한다

그날 불멸이 나를 찾아왔다, 아니 그날 내가 불멸을 찾아 나섰는지도 모른다, 뿌연 공기들을 헤치며 이 지상에는 없는 시간을 찾아 나는 나섰다

내가 한 마리의 식물처럼 고요했던 시간, 내가 한 그루

의 짐승처럼 그렇게 타올랐던 시간, 바람과 불의 시간을 지나 공기의 정원에서 내가 얼음꽃을 피워 올렸던 그 단단한 침묵의 시간을 찾아 나는 나섰다

그런데 그날 불멸이 나를 찾아왔다

나는 늘 불멸을 꿈꾸었지만, 그렇게 불멸을 만나리라고는 생각지도 않았으므로, 나는 오히려 불멸이 너무나 낯설었는데, 어쨌든 불멸은 내가 갔던 거기에, 그렇게 당도해 있었다

네가 불멸이니, 그때 너무나 당황했으므로 나는 속으로 그렇게 물어보았는지도 모른다

불멸이 이제 나에게 당도했으므로 나는 어찌할 줄을 모른다, 오랫동안 불멸을 꿈꾸어왔지만 불멸이 나에게 당도했을 때, 어떻게 해야 하는지 나는 한 번도 생각해본 적이 없기 때문이다

나는 이제 불멸 앞에서 이 세계의 본질적인 사랑을 생각한다

불멸도, 사랑도, 내 생각으로는 그저 저 스스로 존재하는 그 무엇일 뿐이다

그리고 그 누군가는 나에게 또 불멸의 아름다운 시를 쓰라고 한다, 그러나 나는 이제 쓰지 않는다, 불멸의 아름다움이란, 느끼는 자의 내면 속에서 수시로 숨 쉬고 존재하며, 자라나고 있기 때문이다

그러므로 이것은 시가 아니다
시가 아니므로 불멸이 아니고 불멸이 아니므로, 이것은 불멸의 시가 된다

그렇다, 당신이 이 글에서 시를 읽어내려고 했다면 당신은 이미 시인이다, 그러나 시 아닌 그 무엇을 읽어냈다

면 이미 당신은 또 하나의 불멸인 것이다

　그대를 찾아 나섰다가 나는 불멸을 만났다, 그러나 나는 아직 불멸이 몹시도 불편하고 어색하다

　불멸이 나를 찾아왔을 때 나는 불멸이 아니었지만, 나도 언젠가는 내가 꿈꾸던 불멸에 닿을 것이다

　나도 언젠가는 저 별들에게로 돌아갈 것이므로, 나도 언젠가는 불멸인 것이다

　그리고 우리가 먼 훗날, 태양이 식어가는 낡고 오래된 천막 같은 밤하늘의 모퉁이에서 서러운 별똥별로 다시 만난다 하더라도, 나는 아직 살아 있으므로, 나는 불멸이 아니라 오래도록 너의 음악이다

　그때까지 사랑이여, 내가 불멸이 아니어서 미안하다
　그때까지 사랑이여, 내가 사랑이 아니더라도 나를 꿈꾸

어다오

백제금동대향로의 오악사

잘 있었는가, 그대들

비파, 피리, 소, 현금, 북을 연주하던
백제금동대향로의 오악사들이여

오늘은 완함의 악사가 아파
내 낡은 비파를 들고 그대들에게로 가나니

아프지 말게, 사랑이여

우리 이렇게 꿈결처럼 흘러
언젠가 저 음악의 大地에 당도한다면

그 아득한 내면 속에
숨결처럼 따스한 불꽃 간직할 수 있을 테니

우리가 밤처럼 깊어지면
그러면

악사들

1 아주 먼 저편

불필요한 공기 속에 나는 지금 있어, 공기들의 파동을 타고 들려오는 저 늙은 짐승의 울음소리

— 소음과 음악은 구분되어야 해, 이 늙은 세상은 지금 온통 소음뿐이야!

음악으로만 당도할 수 있는 곳 그래서 내 정원은 아주 먼 저편에 있네

2 너무 쉽게 흐트러져버리는 음악들[*]

어린 시절 나는 열렬하게 호랑이를 꿈꾸곤 했었다, 동

---

[*] '**2 너무 쉽게 흐트러져버리는 음악들**'의 내용은 보르헤스의 「꿈의 호랑이들」을 좀 고쳐서 인용하였다

강의 그 아욱 덤불숲이나 가리왕산 숲속에 사는, 오직 말 탄 무사들만이 맞닥뜨릴 수 있는 줄무늬가 있고, 아시아적인 호랑이, 나는 시간 가는 줄도 모르고 동물원의 한 우리 앞에 서 있기 일쑤였다, 나는 호랑이들의 위풍이 어떠한지 찾아보려고 방대한 백과사전들과 생물도감들을 뒤적거려 보곤 했다(나는 아직도 그 형상을 잊을 수가 없다, 왜냐하면 나는 어떤 여자의 이마나 미소를 완벽하게 기억하는 그런 사람이기 때문이다), 유년기가 지났고, 호랑이와 그것에 대한 열정 또한 시들해져 버렸다, 그러나 여전히 나의 꿈속에는 그것들이 남아 있다, 가라앉아 있고, 혼란스러운 그 검은 삼각주에서 여전히 호랑이들은 사방에 서식하고 있고, 또한 그럴 수밖에 없었다, 왜냐하면 잠이 들면 어떤 꿈이 됐든 간에 빠져들게 되고, 곧 그것이 꿈이라는 것을 알 수 있었기 때문이다, 그래서 나는 이렇게 생각하곤 한다, 이것은 꿈, 내 마음대로 즐길 수 있는 완벽한 음악이며, 나는 무한한 능력을 가지고 있기 때문에 나는 한 마리 호랑이를 만들 수 있으리라 그러나 아, 나의 무능함이여, 나의 꿈들은 내가 그토록 갖기를 바라는 그 맹수를 결코 탄생시킬 줄 모른다, 내 꿈에 호랑이가 나타나기는 나타난다, 그것은 사실이다, 그러나 그 영상은 해체되어 있거나, 약하기 그지없거나, 온전치 못한 형상을 가졌거나, 감당할 수 없는 크기를 가졌거나, 쉽게 흐트러져버리고, 개나 새를 닮은 그런 호랑이다

3 琵琶

내가 꿈꾸는 세계는 하나의 거대한 비파

호랑이들의 정원도 그 비파 속에 있다네, 비파 속 정원에선 밤마다 달이 뜨고 가을이 되면 호랑이들 뚝뚝 떨어지네

비파 속 정원에서 무사들은 사랑하는 사람을 벨 수 없어 밤마다 자신의 *心琴*을 연주하네

호랑이들의 비파 속 정원에는 커다란 오동나무가 있어 비가 올 때마다 따스한 호롱불의 심지가 돋아나네 불꽃의 음악, 바람이 불 때마다 누군가 창가에서 음악을 듣네

나뭇잎 호랑이들이 단풍 들어가는 비파 속 정원에는 끝내 잠들지 못하는 내가 있네, 내가 누워서 바라보는 뚝뚝 낙엽 지는 天井의 달빛이 있네

4 그런 건 없겠지만, 사랑이여

그런 건 없겠지만, 사랑이여 그대가 없어도 혼자 담배 피우는 밤은 오네
  보르헤스의 책을 펼쳐놓고 「꿈의 호랑이들」을 읽는 밤은 오네
  밤이 와서 뭘 어쩌겠다는 것도 아닌데 깊은 밤 속에서 촛불로 작은 동굴을 하나 파고 아무도 읽지 않을 시를 쓰

는 밤은 오네
　창밖에는 바람이 불고 가끔 비가 내리기도 하겠지만
　내 고독이 만드는 음악을 저 홀로 알뜰히 듣는 밤은 또 오네
　한때 내가 사랑했던 그대, 통속소설처럼 떠나간 그대는 또 다른 사람 품에서 사랑을 구하고 있겠지만
　이제는 아무리 그대를 생각해도 더 이상 아프지도 않아
　나는 아프네, 때로는 그대와의 한 순간이 내게 영원으로 가는 길을 보여줬으니
　미안해하지 말게, 사랑이여, 그런 건 없겠지만, 그래도 사랑이여
　그대에 대한 짧은 사랑의 기억만으로도 나는 이미 불멸을 지녔네

5 地上의 가을

가을이 되니 호랑이들이 아프네, 서울대공원에서 나는

보았네

　아파서 울고 있는 호랑이들을, 도처에 신음처럼 흩날리던 호랑이들을

　지상의 곳곳에 그대들 쓰러져 누워 있는 오후, 나는 케이블카를 타고 그대들 머리 위를 지나왔네

　음악은 없고 그림만 널려 있는 세상, 케이블카 위에서 나는 비명처럼 외로웠네

　그대들 하염없이 흩날리며 사라져가던 가을의 숲

　그 굵은 나무둥치에 머리를 박고 나 사제처럼 오래 기도했네

　언제나처럼 태양은 또 내 머리 위에서 대낮처럼 빛나고 있었지만

　언제나처럼 바람은 또 내 노래를 허공의 저편으로 실어 나르고 있었지만

　나는 내 배낭 가득히 상처 입은 호랑이들을 주워 담고

　가파른 가을, 이 地上의 정원에서 여전히 배회하고 있었네

내 낡은 기타는 서러운 악보만을 기억하네

나 집시처럼 떠돌다 그대를 만났네
그대는 어느 먼 길을 걸어왔는지
바람이 깎아놓은 먼지조각처럼
길 위에 망연히 서 있었네
내 가슴의 푸른 샘물 한 줌으로
그대 메마른 입술 축여주고 싶었지만
아, 나는 집시처럼 떠돌다
어느 먼 옛날 가슴을 잃어버렸다네
가슴속 푸른 샘물도
내 눈물의 길을 따라
바다로 가버렸다네
나는 이제 너무 낡은 기타 하나만을 가졌네
내 낡은 기타는 서러운 악보만을 기억한다네
쏟아지는 햇살 아래서
기타의 목덜미를 어루만지면
가웅 가웅, 나의 기타는
추억의 고양이 소리를 낸다네
떨리는 그 소리의 가여운 밀물로

그대 몸의 먼지들 날려버릴 수만 있다면
이 먼지 나는 길 위에서
그대는 한 잎의 푸른 음악으로
다시 돋아날 수도 있으련만
나 집시처럼 떠돌다 이제야 그대를 만났네
그대는 어느 먼 길을 홀로 걸어왔는지
지금 내 앞에 망연히 서 있네
서러운 악보처럼 펄럭이고 있네

어느 맑고 추운 날

이제는 쓰지 않는 오래된 옹기 위에
옥잠화가 심어진 토분을 올려놓아 보네
맑은 가을 하늘 어딘가에
투명한 여섯 줄의 현이 있을 것만 같은 오후
생각해 보면, 나를 스쳐간 사랑은 모두
너무나 짧은 것들이어서
옹골찬 옹기 같은 내 사랑은
왜 나에게 와서 오래 머물지 않았던 것인가
안타까워지는 이 오후에
햇살과 바람이 연주하는
내 낡은 기타 소리는 너무나 낡고 초라하지만
나는 찢어진 청바지를 입고
슬리퍼를 직직 끌며
온몸으로 그대에게로 가네
이제는 떠나지 못하게
오래된 옹기 위에 묵직한 토분을 올려놓으며
정성스레 물을 주고 있네
그대는 옹기, 나는 토분

이렇게 우리 옹기종기 모여
추운 한 시절 견디며
킬킬대고 있네
햇살 두툼한 오후를 껴입고 나와 앉아
옹기 위에 토분을 올려놓으며, 근사하다고
우리의 삶도 이만큼 근사해졌다고

네 영혼의 중앙역

키냐르, 키냐르……*
부르지 않아도 은밀한 생은 온다
음악처럼, 문지방처럼, 저녁처럼
네 젖가슴을 흔들고 목덜미를 스치며
네 손금의 장강 삼협을 지나 네 영혼의
울타리를 넘어, 침묵의 가장자리
그 딱딱한 빛깔의 시간을 지나
욕망의 가장 선연한 레일 위를 미끄러지며
네 육체의 중앙역으로 은밀한 생은 온다

저녁마다 너를 만나던 이 지상의 물고기자리에서
나는 왜 네 심장에 붙박이별이 되고 싶었는지
네 기억의 붉은 피톨마다 은빛 비늘의
지문을 남기고 싶었는지
내가 폭포를 거슬러 오르는

---

* 키냐르 —『은밀한 생』의 작가, 파스칼 키냐르.

한 마리 외로운 몸짓으로
네 몸을 거슬러 오를 때도
내 영혼은 왜 또 다른 생으로의
망명을 꿈꾸고 있었던 것인지

생이 더 이상 생일 수 없는 곳에서,
생이 그토록 생이고만 싶어 하는 곳에서
부르지 않아도 은밀한 생은 온다
은밀해서 생일 수밖에 없는
단 하나의 확실한 생이
겨자씨처럼 작은 숨결을 내뿜으며
덜컹거리는 심장의 비밀을 데리고
저녁처럼, 문지방처럼, 음악처럼
네 영혼의 중앙역으로 은밀한 생은 온다

안녕하세요, 투르니에氏

안녕하세요, 투르니에氏

*

부에나 비스타 소셜 클럽에는 글로 씌어진 음악이 있네

그 음악을 따라 몇 개의 階段을 밟고 오르면 그 계단의 끝에는 자작나무가 있고 자작나무 노란 잎사귀엔 밤마다 초승달이 뜨네, 밤이면 초승달의 칼집에서 검을 꺼내어드는 무사들, 차가운 겨울 바람이 내는 음악 소리에 무사들은 가끔씩 가슴을 베이기도 하지만 밤새 자작나무 작은 잎사귀 위를 뛰어다니던 무사들은 새벽녘이면 지붕 위에 누워 나뭇잎 천사들과 오래도록, 바람이 쓰고 가는 차가운 生의 문장에 대해 이야기하기도 하네

영혼의 무게가 사라진 세계에서는 허공을 날아다니는 무사들의 음악이 필요하네

악사들, 자신들의 온몸으로 음악을 연주하는 그들이 바

로 영혼의 무사들이지, 그들이 연주하는 음악은 한없이 낮고도 투명한, 필사적인 사랑의 음계에 닿아 있네

그 音階의 계단을 밟고 한없이 내려가다 보면 거기에 글로 씌어진 음악들이 들려오는 부에나 비스타 소셜 클럽이 있네

부에나 비스타 소셜 클럽에서 악사들은 밤마다 종이 위에 불멸의 애인을 그리네, 종이 위에서 태어난 애인들은 밤새도록 아름다운 음악 소리를 내네, 그 음악의 가장 깊은 곳에서는 밤마다 신생의 달이 뜨네, 두 개의 숲 사이에 뜨는 단 하나의 달, 부에나 비스타 소셜 클럽을 끌고 가는 한 척의 음악이라네

木船들이 끌고 가는 캄캄한 黑鉛의 밤, 연필로 그려진 부에나 비스타 소셜 클럽에는 그대가 꿈꾸던 음악들이 있다네

*

　수도원의 골방에서 창문을 열면 바다가 보이네, 바다는 아그네스에게로 가는 길의 감옥

　밤이면 그녀는 고요한 달빛으로 수도원의 골방으로 찾아오기도 하지만 침엽수림 자욱한 밤바다의 안개를 그 안개의 숲을 걸어서 오지는 못하네

　수도원의 골방에는 바다를 향한 작은 창문이 하나 있고 밤새도록 덜컹거리는 촛불의 음악이 있네

　수도원의 골방에서 나, 촛불의 음악에 기대어 조용히 노래 부를 뿐, 가끔 고요한 밤이면 달빛을 타고 그녀가 산다는 마을로 내려가 보기도 하지만 활엽수림 자욱한 이 지상의 벌판에서 나의 노래는 허공을 맴돌다 떨어져 깊은 땅의 내면으로 스며들 뿐

　나의 짧은 生은 그녀에게로 망명해 가는 음악일 뿐이

어서

  수도원의 골방에는 바다를 향한 작은 창문이 하나 있고 녹슨 촛불이 있고 그 촛불 아래엔 내 불멸의 아내인 아그네스가 있네

*

  안녕하세요, 투르니에氏

  그냥 한번 불러봤어요
  깊은 밤에, 글을 쓰다가
  깊은 밤에

산초나무에게서 듣는 음악

 사랑은 얼마나 비열한 소통인가 네 파아란 잎과 향기를 위해 나는 날마다 한 桶의 물을 길어 나르며 울타리 밖의 햇살을 너에게 끌어다 주었건만 이파리 사이를 들여다보면 너는 어느새 은밀히 가시를 키우고 있었구나

 그러나 사랑은 또한 얼마나 장렬한 소통인가 네가 너를 지키기 위해 가시를 키우는 동안에도 나는 오로지 너에게 아프게 찔리기 위해, 오로지 상처받기 위해서만 너를 사랑했으니 산초나무여, 네 몸에 돋아난 아득한 신열의 잎사귀들이여

 그러니 사랑은 또한 얼마나 열렬한 고독의 음악인가

사랑의 적소

— 창밖엔 하염없이 비가 와, 저게 바로 사랑의 적소야, 빗방울들!

— 3월에는 모든 게 허하다

— 그대여, 지금 내가 머물고 있는 이곳은 며칠째 황사가 자욱하여 동쪽엔 사악한 기운이 승하고 서쪽 또한 지독한 날들이 이어지네, 이젠 내 약시의 두 눈마저 멀어 그대에게 가는 길 나 잃었네, 이제 내 미력한 사랑으로는 그대에게 닿을 수 없도다, 그대여 기억하는가, 언젠가 우린 복사꽃 휘날리던 벌판에서 하루 종일 함께 술잔을 부딪치며 사랑했었지, 기억나는지 그때, 그대 맑은 눈동자 속에서 나 죽어도 좋았을 것을

— 4월에는 모든 게 허하다

— 프리데리케 마이뢰커
 파스칼 키냐르

호치민*
이런 사람들하고 술 마셔
싫지 않으면 전화해 줘, 함께 마시게
사월이 가고 오월이 올 거야
황사가 가고 황약사가 올 거야
취생몽사라는 술을 들고 구양봉에게로 말이야

— 5월은 시선이 닿는 곳마다 사랑의 적소다

— 여기에는 없는 곳, 산초나무 잎사귀가 음악처럼 피어나는 곳에서 그대를 만나고 싶어라, 그대와 내가 만나 지극한 사랑의 힘으로 허공에 한 채의 소슬한 부석사를 지어 올릴 수 있는 곳, 꿈에도 그리워지는 꿈이 있어 눈 뜨면 다시 잠들고 싶어지는 生의 이 황막한 저녁에 누이처럼 맑은 그대는 어느 산녘에 산초나무 잎사귀처럼 조그

---

* 프리데리케 마이뢰커, 파스칼 키냐르, 호치민 — 궁금한 사람은 도서관에 가 찾아볼 것(아님 말구).

많게 피어 있는 것이냐, 그대 생각에 초저녁별들이 고장 난 라디오의 잡음처럼 켜지는 밤이 오면 내 손끝에서 떠나간 노래들은 그대 가슴 어디쯤을 흐르고 있을까, 風磬 소리 바람을 따라 흘러가버린 곳, 그 소리를 좇아서 마음이 한 열두 달 헤매던 곳에서 오늘도 그대는 산초나무 잎 푸른 음악으로 다시 돋아나는데, 그대여 이 밤도 나는 술잔을 들고 하염없이 걷나니, 복사꽃 휘날리는 벌판을 지나 지금 여기에는 없는 곳, 가난한 등불 아래 산초나무 잎사귀가 피는 곳으로 그대는 오라

— 6월, 7월, 8월, 9월, 10월, 11월에는 매순간이 허하다

— 이러매 눈감아 생각해 볼밖에
  내 사랑은 강철로 된 갠가 보다

— 12월앤 과연 비, 풍, 초 다 버리고 백마 탄 초인이 오기는 할 것인가

— 사랑의 적재적소에 사랑의 謫所가 있다
 사랑의 적재적소에 사랑의 適所가 있다
 사랑의 제재소에는 무엇이 있을까
 사랑의 읍사무소엔 사랑의 急所가 있다
 12월엔 읍사무소로 가서 사랑을 하자
 1월과 2월은 비워두고
 또 앞으로 다가올
 그 많은 날들은 그냥 비워두고

어제

 어제는 네 편지가 오지 않아 슬펐다, 하루 종일 직막한 우편함을 쳐다보다가 이내 내 삶이 쓸쓸해져서, 〈복사꽃 비 오듯 흩날리는데, 그대에게 권하노니 종일 취하라, 劉伶도 죽으면 마실 수 없는 술이거니!〉, 李賀의 「將進酒」를 중얼거리다가 끝내 술을 마셨다, 한때 아픈 몸이야 술기운으로 다스리겠지만 오래 아플 것 같은 마음에는 끝내 비가 내린다

 어제는 네 목소리가 들리지 않아 슬펐다, 하루 종일 환청에 시달리다 골방을 뛰쳐나가면 바람에 가랑잎 흩어지는 소리가, 자꾸만 부서지려는 내 마음의 한 자락 낙엽 같아 무척 쓸쓸했다, 빗자루를 들고 마당을 쓸면 메마른 가슴에선 자꾸만 먼지가 일고, 먼지 자욱한 세상에서 너를 향해 부르는 내 노래는 자꾸만 비틀거리며 넘어지려고 한다

 어제는 네 모습이 보이지 않아 슬펐다, 네가 너무나 보고 싶어 언덕 끝에 오르면 가파른 생의 절벽 아래로는 파

도들의 음악만이 푸르게 출렁거리고 있었다, 그 푸른 음악의 한가운데로 별똥별들이 하얗게 떨어지고, 메마른 섬 같은 가을도 함께 뚝뚝 떨어지고 있었는데, 내가 정신을 가다듬고 내 낡은 기타를 매만질 때, 너는 서러운 악보처럼 내 앞에서 망연히 펄럭이고 있었다

어제는 너무 심심해 오래된 항아리 위에 화분을 올려놓으며, 우리의 사랑도 이렇게 포개어져 오래도록 같이 있으면 좋겠다는 생각을 했다, 새우젓 장수가 지나가든 말든, 우리의 생이 마냥 게으르고 평화로울 수 있는, 일요일 같았으면 좋겠다는 생각을 했다

어제는 두툼한 외투를 껴입고 밤새도록 몇 편의 글을 썼다, 추운 바람이 몇 번씩 창문을 두드리다 갔지만 너를 생각하면, 그 생각만으로도 내 마음속 톱밥 난로에 불이 지펴졌다, 톱밥이 불꽃이 되어 한 생애를 사르듯, 우리의 生도 언젠가 별들이 가져가겠지만

그때끼지 사랑이여, 내가 불멸이 아니어서 미안하다
그때까지 사랑이여, 나는 불멸이 아니라 오래도록 너의 음악이다

생의 일요일들

1

새우젓 장수가 지나갔다

2

어느 날 네가 나뭇잎에 적혀 생의 엽서처럼 나에게로 왔으므로, 나는 이제서야 너를 읽는다

3

늦잠에서 깨어나 뒹구는 일요일이다, 내 생이 일요일 같기만 하다면 나는 생을 위해 무엇이든지 다 할 수 있을 것만 같은 시간이다

4

세상의 모든 나뭇잎들은 음악 소리를 낸다

5

나뭇가지에 매달린 섬들이 붉게 물들어가는 가을 저녁이다, 아니 저녁이어서 가을이다

6

오래간만에 턴테이블 위에 낡은 판을 걸어본다, 레코드 판에선 나뭇잎을 두드리는 빗방울 소리가 난다

7

모든 것이 다 시가 되고 아무것도 시가 될 수 없는 그런 저녁이 있다, 바로 오늘 저녁이다

8

나뭇잎의 바이올린을 들고 집시의 시간들이 내 창가로 왔다, 그러나 아직은 음악을 연주할 시간이 아니다

9

음악이란 무엇인가, 어디로 가면 희미한 옛사랑의 음악을 다시 들을 수 있을까

10

끊어질 듯 이어지며 기타의 선율이 들려오던 곳, 가슴

을 에이며 내가 첫사랑을 잃어버린 곳

11
철로 위를 걸어가는 한 남자의 생 위로 길게 눈이 내리고, 침목 위에 쌓이던 하얀 침묵들

12
생의 어느 겨울 하오, 여량에서 구절리까지 철길을 따라 걸어본 자는 안다 하루 종일 눈발과 더불어 내리는 것은 막연한 생의 신비, 가 아니라 차갑고도 포근한 생의 음악, 이라는 것을

13
열두 달 내내, 내 마음속 야간열차는 덜컹거리며 어디로 달려가고 있었던 것일까

14
검은 열차가 하얀 입김을 내뿜으며 달려가 당도하는 새

벽의 雪海엔, 눈발들이, 하얀 돛배처럼 드나드는 눈의 항구, 눈의 부두가 있다

15

눈의 항구, 눈의 부두엔 아직도 따스한 숨결 같은 음악이 남아 있을까

16

추억의 입김이란 게 아직도 톱밥 난로 같은 데서 흘러나와 매운 눈물을 흘리게 만드는 그런 추억驛이 있다면 나는 그곳의 일요일로 가고 싶은 것이다

17

그러나 생의 일요일은 금요일, 토요일을 다 지나고 차령 휴게소를 지나도 쉽게 나타나지 않는다

18

그대 영혼의 푸른 지도를 그리기 위해 나는 맨발로 밤

길을 나선다, 어디에서부터 그대를 꿈꾸고 그대를 그려야 하는가

19

그해 눈 내리던 어느 겨울날 오후, 격포 우체국 앞에 쪼그리고 앉아 나는 한 통의 서러운 엽서를 생의 저편으로 띄워 보냈네

20

멸치 액젓, 파, 마늘, 뉴슈가나 설탕 조금, 양파, 생강, 고춧가루, 가는 소금 조금 — 이런 것들을 채를 썬 무에 넣고 손끝으로 버무리면 우리는 매콤하고 입맛 도는 무생채의 저녁 아름다운 생의 일요일 저녁에 당도할 수 있는가

21

내가 꿈꾸는 저녁은 어디에도 없고 내가 꿈꾸는 그대는 어디에도 없건만 눈만 감으면 한없이 게으르게 그대와 함께 뒹구는 저녁, 생의 일요일들만 있는 그 저녁에 나는 늘

꿈결처럼 당도해 있다

22

새우젓 장수가 지나가고 나면 이 地上의 하루가 다 가곤 했다

23

겨자씨처럼 조그맣게 살면서 장시만, 장시만 안 쓰면 돼, 라고 김수영은 말하지만 시장에 가도, 겨자만, 겨자만 안 사면 돼, 라고 중얼거리다 보면 내 하루가 다 가곤 했다

24

겨울에 먹는 함흥 냉면, 겨자가, 겨자가 없어도 냉면 그릇 속으로 함박눈만 내리면 돼!

25

그 女子의 목덜미에 쌓인 눈을 내 수염으로 다 치우고 나면 그 女子의 몸은 어느덧 석양 무렵에 다다르고 그 女

子의 가슴속에선 덜컹거리는 음악 소리를 내며 협궤열차
가 지나가곤 했다

26

협궤열차가 지나다니는 그 女子의 비탈진 몸에서, 그
가파른 생의 기찻길 옆에서 푸른 숨결의 음악을 연주하며
나는 오래도록 살고 싶었다

27

그러나 사랑은 때로 풀잎처럼 쓰러져 눕기도 하지

28

풀잎들의 파도, 파도들의 풀잎, 사랑은 때로 음악처럼
출렁거리기도 하네

29

그 출렁이는 풀잎들을 엮어서, 그 女子의 몸 속에 내 지
상의 거처 하나 만들고 싶었네

30

그러나 내가 잠시 머무를 수 있는 이 지상의 거처는 내 낡은 상처일 뿐이어서

31

상처 입은 눈동자로 바라보는, 상추처럼 물방울이 가득 고인 추운 밤하늘

32

엘리, 엘리, 라마 사박다니!

33

오, 사랑 때문에 내가, 고독의 십자가에 못 박히다니!

34

너무 추워서, 두터운 스웨터를 걸치고 글을 쓰는 밤, 따스한 한 잔의 차가 그리운 시간, 세상은 왜 이리 추운 거야

35

밥 딜런의 노래가 너무나 듣고 싶어 판을 찾아보는 새벽, 그런데 도대체 넌 어디에 있는 거야

36

너무나 네가 보고 싶어 다시 캄캄한 밤의 푸른 지도를 펼쳐본다, 네 입술을 지나 다다른 이곳은 도대체 어디쯤인가

37

쿠릴열도 같은 네 갈비뼈

38

차령산맥 같은 네 가슴

39

소래포구 같은 네 겨드랑이

40

동해안의 하얀 파도 같은 네 손톱

41

몽돌해수욕장의 돌멩이 같은 네 젖꼭지

42

우포늪 같은 네 배꼽

43

동강처럼 출렁거리며 사행하는 네 허리

44

마추픽추 같은 네 협곡

45

오호, 오후야 오후, 소리치며 인디언들이 말 달리던 네 깊고 오랜 검은 숲

46

　그 숲을 지나면 바이칼湖 같은 네 깊은 샘물

47

　그 맑고 차가운 호수 한가운데 있는 네 영혼의 클리토리스

48

　가녀네그로 습지의 물새 떼 같은 내 혀가 사하라 같은 네 허벅지를 통과해 갈 때 밤하늘에 빛나는 네 눈동자, 내가 그리는 푸른 지도의 끝

49

　그대 푸른 숨결이 나를 만지고 가는 이 밤, 나는 또 내 영혼의 황량한 들판 어디에 천막을 치고 그대를 꿈꾸어야 하는가

50

수도원의 골방에 누워 나는 생의 일요일을 꿈꾸네

51

수도원의 골방에서 꿈꾸는 생의 일요일은 이 지상에는 없는 것이어서 나는 자꾸만 내가 가보지도 못한 또 다른 생을 꿈꾸네

52

하루 종일 장독대 위에 떨어지는 빗방울들의 음악 소리

53

추녀 끝에서 추춥 추춥, 수줍게 물방울들 떨어지는 시간, 나의 음악 시간

54

그 음악들이 하얀 눈발로 바뀔 때까지 나는 골방에 누워서 생의 일요일을 꿈꾸네

55

하루 종일 장독대 위로 하얀 눈이 쌓이는 소리, 하얀 눈 위로 고요히 바람이 지나가는 소리

56

하얀 눈과 바람이 햇살에 마르는 소리, 동해물과 백두산이 다 마르고 닳는 소리

57

그 소리들이 다 그칠 때까지 나는 생의 일요일을 꿈꾸네

58

착하고 순한 당나귀들이 걸어가며 이 세상의 음악을 다 들을 때까지

59

새들의 눈동자가 이 세상의 풍경을 다 읽을 때까지

60

살아 있음이 가장 분명한 사랑이므로, 나는 생의 일요일을 꿈꾸네

61

네 손목에 그어진 한 시절의 깊은 상처를 내 입맞춤으로 지우며 나는 한 잎의 사랑과 한 잎의 자유를 꿈꾸네

62

그러나 지금은 촛불을 켜고 싶은 시간

63

나는 내 찢어진 청바지의 이력서로 촛불을 켠다

64

촛불을 켜들고 나는 가파른 희망의 조서를 쓴다

65

삶이, 희망의 불꽃만으로도, 가슴 벅찬 혁명이었던 한 시절이 있었다

66

그러나 혁명은, 혁명을 꿈꾸던 자들의 내면 속에서 어느 날 스스로 무장해제되었다

67

이제는 아무도 혁명을 말하지 않는다 그걸, 루카치 식으로 말하자면, 우리의 들끓는 내면이 외부의 급격한 변동에 적응하지 못하고 스스로 자진하여 안락한 감옥을 선택한 것

68

'어제는 내내 무척 아름다웠다 숲속의 음악, 내 머리칼 사이와 너의 내민 두 손 속의 바람, 그리고 태양이 있었기 때문에', 헝가리 태생인 아고타 크리스토프의 『어제』라는

소설의 題詞이다

69

 어제는 내내 무척 아름다웠다, 그러나 오늘의 사람들은 사랑의 體位에만 골몰한다, 아무리 체위를 바꾸어도 영혼이 상승하는 데는 분명 한계가 있는 것, 그걸 아도르노 식으로 말하자면, 에잇 엿먹어라, 세상!

70

 그대들의 유물론은 여기서 끝난다

71

 그러나 나는 이제 나만의 유물론을 다시 골똘히 생각한다

72

 물질에도 내면이 있다는 걸 아는 사람은 다 안다

73

어느 영혼이 잠들지 않고 밤새 이 지상의 불꽃을 밝힐 것인가

74

그러나 이제는 그만 촛불을 끄자, 밤은 어두워야 비로소 밤이다

75

그대는 그대의 불꽃으로!
나는 나의 불꽃으로!

이 황량한 밤의 들판을 건너가야 하는 것이다

76

76번째의 단상, 세헤라자드의 칠십여섯 번째의 촛불, 그러나 아직도 남아 있는 구천구백스물다섯 개의 촛불과 밤들

77

카얌, 카얌, 카얌, 기침 소리를 내며 내 안의 루바이야트를 써나가는 이 밤, 오마르 카얌은 오래전에 죽었고 이 밤도 이미 어제에 속해 있다

78

담배도 다 떨어지고 기침 소리도 멎었으니 이 밤은 또 얼마를 더 가야 내일의 아침인가

79

내가 꿈꾸는 생의 일요일은 어디쯤 오고 있는가

80

그러나 아무리 어두워져도 너의 이름을 부르며 나는 듣는다, 생의 일요일들이 내게로 고요히 다가오는 소리

81

오, 멀리서 새우젓 장수가 오고 있다

馬頭琴* 켜는 밤

밤이 깊었다
대초원의 촛불인 모닥불이 켜졌다

몽골의 악사는 악기를 껴안고 말을 타듯 연주를 시작한다
장대한 기골의 악사가 연주하는 섬세한 음률, 장대함과 섬세함 사이에서 울려나오는 아름다운 음악 소리, 모닥불 저 너머로 전생의 기억들이 바람처럼 달려가고, 연애는 말발굽처럼 아프게 온다

내 生의 첫 휴가를 나는 몽골로 왔다, 폭죽처럼 화안하게 별빛을 매달고 있는 하늘
전생에서부터 나를 따라오던 시간이 지금 여기에 와서 멈추어 있다

---

* 마두금 — 악기의 끝을 말 머리 모양으로 만든, 두 개의 현을 가진 몽골의 전통 현악기.

풀잎의 바다, 바람이 불 때마다 풀결이 인다, 풀잎들의 숨결이 음악처럼 번진다
 고요가 고요를 불러 또 다른 음악을 연주하는 이곳에서 나는 비로소 내 그토록 오래 꿈꾸던 사랑에 복무할 수 있다

 대청산 자락 너머 시라무런 초원에 밤이 찾아왔다, 한 무리의 隊商들처럼
 어둠은 검푸른 초원의 말뚝 위에 고요와 별빛을 매어두고는 끝없이 이어지던 대낮의 백양나무 가로수와 구절초와 민들레의 시간을 밤의 마구간에 감춘다, 은밀히 감추어지는 生들

 나도 한때는 武川을 꿈꾸지 않았던가, 오래된 해방구 우추안
 고단한 꿈의 게릴라들을 이끌고 이 地上의 언덕을 넘어가서는 은밀히 쉬어가던 내 영혼의 비트 우추안

몽골 초원에 밤이 찾아와 내 걸어가는 길들이란 길들 모두 몽골리안 루트가 되는 시간
꿈은 바람에 젖어 펄럭이고 펄럭이는 꿈의 갈피마다에 지상의 음유 시인들은 그들의 고독한 노래를 악보로 적어 넣는다

밤이 깊었다
대초원의 촛불인 모닥불이 켜졌다

밤은 깊을 대로 깊어, 몽골의 밤하늘엔 별이 한없이 빛나는데 그리운 것들은 모두 어둠에 묻혀버렸는데 모닥불 너머 음악소리가 가져다주던 그 아득한 옛날

아, 그 아득한 옛날에도 난 누군가를 사랑했던 걸까 그 어떤 음악을 연주했던 걸까

그러나 지금은 두꺼운 밤의 가죽 부대에 홈집 같은 별들이 돋는 시간

地上의 서러운 풀밭 위를 오래도록 헤매던 상처들도 이제는 돌아와 눕는 밤

　파오의 천창 너머론 맑고 푸른 밤이 시냇물처럼 흘러와 걸리는데 아 갈증처럼 여전히 멀리서 빛나는 사랑이여, 이곳에 와서도 너를 향해 목마른 내 숨결은 밤새 고요히 마두금을 켠다

　몇 개의 전구 같은 추억을 별빛으로 밝혀놓고 홀로 마두금 켜는 밤
　밤새 내 마음이 말발굽처럼 달려가 아침이면 연애처럼 사라질 아득한 몽골리안 루트

地上의 저녁

어느 날 사람들은 자신도 모르게 아주 먼 별에 당도하기도 한다

武川은 예서 얼마나 먼가

낯선 구릉과 산맥들을 지나가면 펼쳐지는 대초원, 구름들은 청색 하늘 벽에 이발소 그림처럼 걸려 천연덕스럽게 나를 맞는다, 그러나 나는 이곳에 머리를 깎으러 온 것은 아니다

잃어버린 옛사랑을 찾으러 온 것도 아니다, 내 삶에
사랑 같은 건 없다, 고 그렇게 중얼거리며 한 떼의 구름이

지나간다, 양떼구름의 점진적 이동, 바람은 늘 이런 식으로 말을 걸어온다
나는 말을 타고 가며 바람이 전하는 말을 듣는다, 武川은 예서 얼마나 먼가

한때는 시인이었던 풀빛의 部族들이 천막을 걷어 어디론가 이동하고 있다

시에서 삶 쪽으로의 이동인가, 삶에서 시 쪽으로의 이동인가, 아무튼 한 삶이 다른 삶 쪽으로 이동하는 사이사이 풀빛의 시들이 일어섰다 눕는다

나는 시 같은 거 말고 사랑 같은 거 말고 뭔가 애틋한 것이 기루어 여기까지 흘러 들어온 걸 텐데, 사진관 배경 그림 같은 구름은 흘러가며 자꾸만 사진 한 장 찍고 가랜다

예서 武川은 얼마나 먼가

지나온 백양나무 긴 가로수 길을 생각해 본다
민들레, 구절초驛 다 지나고 白石, 馬頭 지나 바람은 또 밤새 마두금을 연주하려나

저물녘 몽골의 냇가에 말을 매어두고 흘러가는 냇물에

얼굴을 씻는다, 말갛게
　얼굴을 내민 저 초저녁별의 이름을 이제는 알 것도 같다

그대 집

창포 강에 싸락눈이 내리는 오후
그대는 물을 긷고 나는 듣고 있었네
그대 발길에 스치는 조약돌의 음악 소리
아득한 산맥을 넘어온 시간들의 풍경 소리
내 마음이 가고 싶어하던 곳에서
오롯이 돋아나던 낮은 숨결의 불빛들
그 희미한 불빛의 계단을 살풋이 밟으며 내려오던
싸락눈, 싸락눈, 싸락눈의 和音
창포 강에 싸락눈이 내리는 오후
그대 물동이에 담겨
나 여기 그대 집까지 왔네
그대는 검은 천막에 사는 여인
오늘 저녁 그대는
또 한 줌의 쌀을 끓이네
저물어가는 창포 강가엔 아직도 눈이 내리는데
눈발 속으로도 또 다른 눈이 내리는데
천막 속의 고요, 고요 속의 음악
나는 끓고 그대는 웃네

그대 집
희미한 호롱불 아래서
이제사 그대 입술 끝에 닿은
나, 고요한 한 잔의 창포 강

환등기

1 바깥에 대한 반가사유*

오래된 환등기를 꺼내어 수선하는 밤입니다

환등기를 고쳐 굳이 무엇을 하겠다는 그런 요량도 없이 환등기를 한번 돌려보고 싶은 마음이 이리저리 환등기를 만져보는 밤입니다

아주 오래전 환등기로 비추어보던 풍경이 문득 떠올라 내 마음을 꽉 사로잡는 그런 밤입니다, 마치 보지가 자지를 꽉 움켜쥐듯, 말입니다

저는 요즘 요통이 너무 심해 거의 바깥출입을 하지 못하였습니다, 저는 제 아픔의 원인을 알고 있지요, 아마 제 요통의 근본 원인은 〈심근경색성고독을동반한사

---

* **'1 바깥에 대한 반가사유'** — 황지우 시인의 시 제목.

회부적응성내분비호르몬과다분비로인한반가사유적염좌〉일 것입니다

 바깥출입을 거의 못 하니 담배 연기처럼 마음만 자꾸 국경 너머로 흘러갑니다, 이러다가 아마 우리나라는 조만간 〈담배 부족국가〉가 될 것입니다, 제가 이렇게 골방에 틀어박혀 담배만 피워대고 있으니 말입니다
 아니 어쩌면 〈山빛부족국가〉가 될지도 모릅니다, 하루 종일 저는 멀티비전 창문을 통해 겨울 야산의 뿌리로부터 조금씩 올라오고 있는 희미한 山빛만 훔치고 있으니 말입니다

 오래된 환등기를 꺼내어 수선하는 밤입니다

 그러나 아무리 환등기를 살펴보아도 오래된 미래는 쉽게 돋아날 것 같지 않습니다
 오래된 미래는 이제는 정녕 고장난 미래입니까, 그래도 그댄 음악이 있어 여전히 행복합니까

오래간만에 바깥에서 제 방까지 밀려온 달빛이 제 마음을 사로잡는 밤입니다

바깥에 대한 오랜 반가사유가 내 안으로 쏟아지는 그녀를 티베트 환등기라 불러보는 그런 밤입니다

2 실내에 걸린 종루

겨울이어서 베란다 창문까지 꼭꼭 닫아놓았더니 오래 전부터 실내에 걸려 있던 風磬이 자기 울음을, 지 속살의 音樂을 잊었어

오늘은 내가 먼저 生의 소리 듣고 싶어 숨결을 불어보았네

그것도 바람이라고 풍경이 운다, 반갑다고 꼬리치며 인사한다, 다시 숨결 불어주어 고맙다고

당, 당, 당……

아직도,
여전히,
처연히,

당당당하면서

실내에 걸려 있는 鍾樓

3 영혼의 위도

들어라, 바람아
너희들이 아무리 페쿠초를 지나 포추와 풍추로 진주한다 해도
라체를 지나 간체와 체탕을 향해 불어간다 해도 끝내

다다를 수 없는 곳은

 라사의 달빛이 창포강의 물결 위에다 연주하는 음악의
섬세한 경계, 검은 새떼들 날아올라 표시해 주는 아득한
영혼의 緯度

 生은 끝내 숨결로만 다다를 수 있는 곳이어서
 生은 아직도 여전히, 처연히 실내에 걸려 있는 종루
 그 필사적인 음악으로부터만 온다

하노이 36거리

이젠 이곳의 차가운 바람에도 지쳐버렸어
이 겨울이 끝나기 전에
하노이 36거리에 가서
라면 장사나 할까 해
자전거들이 서로 부딪치며 지나가는
그 좁은 거리의 길모퉁이 가게에서
푸른 새벽의 냄새를 맡으며
낡은 풍로로
라면을 끓이리

못, 하이, 바, 본, 남, 사우, 바이, 땀, 찐, 무어이
일, 이, 삼, 사, 오, 육, 칠, 팔, 구, 십
내 마음에 떨어지는 눈발의 숫자를 세며

쮸녀스, 트 하이, 트 바, 트 뜨, 트 남, 트 사우, 트 바이
일요일, 월요일, 화요일, 수요일, 목요일, 금요일, 토요일
일주일 내내 떨어지는 눈, 눈물을 녹여 라면을 끓이면

푸른 안개의 골목길을 헤치며 그대
은빛 햇살의 바퀴로 내게 달려오려나
하노이 36거리에서
나 망연히 그대 기다리네

짜오 안, 치
안녕하세요, 그대
〈사노라면〉
〈바다가 육지라면〉
〈내가 만일 시인이라면〉
이건 하노이 36거리에서
베트남 쌀국수 〈퍼〉보다 잘 나가는
우리 집 특별 메뉴랍니다
밤새 술 마신 그대, 오세요
하노이 36거리
낡은 풍로의 라면집

하롱 베이

턴테이블 위에서 밤새도록 안치환이 뺑뺑이 돌고 있다

여기에 오기 잘했다, 거기에 가지 않길 정말 잘했다

망기타

1 망기타

나 지금 망기타를 듣고 있어
영화 타락천사에서 관숙이가 불렀던 그 노래
나 지금 줄 하나가 끊어진 내 기타 옆에 물끄러미 앉아
망연히 망기타를 듣고 있어, 뭐하니, 타락하고 싶어
나 지금 문을 열고 나가 비 내리는 저녁과 몸 섞고 싶어
너와 함께 저 어둠 속으로 아득히 흘러가고 싶어
나 지금 망기타를 들으며 망가지고 있어, 넌 뭐하니
이렇게 계속 망가지다 보면 내 꿈길의 입구마저 황폐해질 텐데
나 지금 망기타를 들으며 내 폐허의 침대 위를 뒹군다
관숙이의 목소리가 자꾸만 나를 침대 위로 쓰러트려
나 지금 내 몸 속의 물결이 비 맞는 소릴 듣고 있어
뭐하고 있니, 이 달빛도 없는 폐허의 침대에서 날 불러내줘
나 지금 망연히 망기타만 듣고 있어, 끊임없이 반복되는 이 노래

언젠가 천사가 날 찾아오겠지만 그래도 나 지금 가슴이 너무 아파
　나 지금 아무래도 끊어진 기타 줄을 구하러 가야 할 것 같은데
　기타 줄은 어디서 구하지, 네 긴 머리카락
　나 지금 아무래도 그게 필요해
　네 부드럽고 긴 한 줄기의 사랑

2 그녀座

　밤하늘에 피어난 그녀座를 치어다보는 밤입니다, 초저녁별들 아고라나이트의 石花로 아름답게 피어난 이 지상의 밤입니다

　대낮의 느티나무 잎들이 불러주던 그 많은 음악들은 어떻게 이해하는 게 좋겠습니까
　아니 이젠 이해하지 않아도 되겠습니까, 촛불나무 아래

누워 오래도록 그녀座를 바라보는 밤입니다

아, 갈증도 음악처럼 익어 흘러간다면 그녀座 가장 밝게 빛나는 이 지상의 아무르 강가로 나 또한 고요히 흘러갈 수 있으련만, 내 술병座는 도대체 어디에 있는 것입니까

시에 시에, 중얼거리며 아무것도 모르는 중국의 별들이 赤道를 향해 흘러가고 있는 북반구의 여름밤입니다

그녀座를 너무 오래 치어다봐 꿈에서도 맑은 별이 뜰 것 같은 그런 밤입니다

3 망기타에 줄을 매다

망가진 기타에 줄을 매는 건 知音일 뿐, 망가진 기타를 스스로 고치는 자 가수가 아니네 시인이 아니네

기타가 망가지면 가수는 스스로의 목청으로 기타가 되고 기타가 망가지면 시인은 스스로의 온몸으로 악기가 되네

망가진 기타에 줄을 매는 건 언제나 아직도 이 지상에 남아 있는 어둡고도 따스한 아픔들일 뿐, 그 아픔들이 매어논 기타 줄을 두드리며 나 다시 노래 부를 힘을 얻네

아, 지금 내가 듣는 '忘記他'에 줄을 매어줄 자 누구인가

아, 망가진 기타 곁에 망연히 앉아 있는 나에게 줄을 매어줄 자

4 날씨와 생활

날씨 속에 그녀가 있다

나는 왜 그녀를 사랑하는가

그녀는 왜 그 시간만 되면 그 노래를 듣는가

어째서 고독은 나의 힘이고 빗방울들은 고독보다 힘이 센가

날씨와 생활은 어쩌자고 같이 붙어 있는 건가

나는 왜 비가 내리는 날이면 직장에 가기 싫고 직장에 가기 싫은 날에는 왜 생활도 함께 싫어지는가

날씨 때문에 생활을 버린다면 그 날씨는 좋은 것인가 나쁜 것인가

생활이 왜 중요한가, 왜 중요해야만 하는가

나는 자꾸 살고 싶은데 생활을 버리면 왜 자꾸만 죽어

가는가

그런데 도대체 나는 왜 그녀를 사랑하는가

그 노래만 들으면 나는 왜 자꾸 그녀가 생각나는가

그녀는 왜 날씨와 함께 오는가, 그녀는 왜 생활과 함께 가는가

생활은 왜 사랑이 되지 않는가, 생활이 사랑이 되는 나라는 없는가

날씨와 생활과 사랑이 음악처럼 함께 젖어드는 저녁의 나라는 어디에 있는가

그런데 도대체 나는 어쩌자고 그녀를 사랑하는가

나는 왜 생활처럼 끝내 그녀를 사랑하는가

나는 왜 그녀를 사랑하는가

사랑은 왜 날씨 속에 있는가

5 칭따오 삐주*

물이 귀한 중국에 와서
물 대신 칭따오 삐주를 마신다
텐안먼 꽝창에서도
완리창청에서도
팔월의 폭염을
칭따오 삐주로 식힌다
북경의 뒷골목에서 만난

---

* 칭따오 삐주 — 청도 맥주, '청도 비주'의 중국식 발음, 원래 발음은 '칭따오 피지우'에 가까움.

중국 청년도
자본주의보다
더 자본주의적인
중국식 사회주의도
칭따오 삐주로 사귄다
중국에 와서 내 여권은
칭따오 삐주다
마오쩌뚱의 초상도
明十三陵 가는 길
틈왕 이자성의 동상도
나는 칭따오 삐주를 마시며
통과한다
아는 만큼 보인다고
누군가는 말하지만
내 여행은
취하는 만큼만 보인다
거대한 중국의
심장부를 지나고

황하를 건너며
아직은 붉어지지 않은
광활한 옥수수 밭을 지나며
나는 칭따오 삐주를 마신다
수호전에 나오는
이규처럼
두 눈 질끈 감고 간다
그냥 취해서 간다
더운,
더러분 한 세상
칭따오 삐주를 마시며
통과!

6 옛 사진, 珍南에게[*]

---

* 珍南 — 朴珍南, 몽골 여행에서 우리를 안내해 준 현지 여성 안내원

그래, 우리가 당도한 그 새벽녘 역 광장 모퉁이 어슴푸레한 사회주의 안개 속에 너는 서 있었다

사람들은 그곳을 청색의 도시라 불렀지만 우리가 그곳에 머무는 동안 푸른 하늘을 본 것은 네 눈동자 속에서였다

나귀가 수레를 끌고 그 수레 위에 사람이며 건초더미가 함께 실려가던 시골의 풍경을 너는 애써 자꾸 외면하려 했다, 너는 내몽골 대학교 3학년, 고향이 흑룡강성 근처라 했지

그래, 네가 떠나온 것은 결국 서러운 가난이었겠지만, 우리가 떠나온 것도 단순히 서울만은 아니었다

서울이라는 이름의 구역질 나는 자본주의, 그 자본주의에 빌붙어 사는 그 모든 개떼들로부터 우리는 잠시라도 떠나고자 했던 것이다

그리고 마침내 우리가 당도한 어슴푸레한 사회주의 안개 속에 너는 아름다운 유령처럼 서 있었다

그래, 종교와 국가를 넘어가면 그곳에 건물과 불빛이 있다

우리는 네가 사는 건물과 불빛이 보고 싶었는지도 모른다

밤에 내몽골 대학 교정을 우리는 함께 걸었다

밤에 내몽골 대학 뒷골목에서 우리는 함께 술을 마셨다

밤에 너는 내몽골 대학 기숙사로 돌아가고 우리는 늦게까지 배갈과 마유주를 마셨다

술 속에 불빛이 있었던가, 불빛 아래 술잔이 출렁거렸던가

그래, 우리가 아무리 술잔을 비워도 그 취기로도 우리의 천박함은 씻기지 않았다

그리고 그 다음 날 네가 우리를 데려간 그 드넓은 초원에서 드디어 나는 보았다

내 가장 사랑했던 그러나 지금은 잃어버린 옛 사진 한 장을, 풍경 속에 아련히 서 있던 네 모습을

珍南, 조선족과 중국인과 내몽골 자치구 인민을 넘어가면 그곳에 네가 있다

내 청춘의 사막과 시퍼런 연민을 넘어가면 그곳에 네가 있다

네 눈동자 속에 펼쳐진 끝없는 초원을 달리는 스물두 살의 내가 있다

7 등려군

   등나무 아래서 등려군을 들었다고 하기엔 밤이 너무 깊다 이런 깊은 밤엔 등나무 아래 누워 있을 수가 없는 것이다

   나는 지금 담배를 한 대 피워 물고, 무슨 시를 쓰지, 잠시 고민하다 등려군이라는 제목을 써보았을 뿐이다

   깊은 밤에, 뜻도 알 수 없는 중국 음악이 흐른다, 나 지금 등려군의 노래를 듣고 있을 뿐이다

   모니엔 모 위에 디 모 이티엔
   지우 씨앙 이 장 포쑤이 더 리엔
   난이 카우커우 슈어 짜이 찌엔
   지우 랑 이치에 저우 위엔
   쩌 부스 찌엔 롱이 디 쓰
   위먼 춰에 떠우 메이여우 쿠치

랑타 딴딴 디 라이
랑타 하오하오 더 취 따오 루쩐
니엔 푸 이 니엔
워 부 넝 팅즈 화이니엔
화이니엔 니
화이니엔 총 치엔 딴 위엔 나
하이펑 짜이 치 즈웨이 나 랑화 디 셔우
치아 쓰 니 디 원러우

 그렇다면 지금 그대들이 읽고 있는 이것은 노래인가 시인가, 등려군이 부르는 노래인가 내가 쓰는 등려군에 관한 시인가

 등나무 아래서 등려군을 들었다고 하기엔 밤이 너무 깊다 이런 깊은 밤엔 등려군의 노래나 받아 적으면 되는 것이다, 깊은 밤에, 시란 그런 것이다

하노이 36거리의 시

함소회기 피어 있는 겨울 저녁이다

*

어느 겨울날 푸른 노트 한 권 들고 무작정 나는 하노이로 떠났다

*

하노이에서 한 시간 정도 차를 타고 가면 무옹족의 마을이 나오는데 거기엔 하얗고 긴 옷을 입은 무옹족의 천사들이 산다고 했다

*

그러나 나는 베트남 남북 종단 열차를 타고 하노이에서 호치민까지 밤새 내리 달리고 싶었다, 아니 호치민에서 하노이까지 밤새 거슬러 오르고 싶었는지도 모른다

*

호치민에서 하노이까지, 자본주의에서 사회주의까지,

나는 밤새 그 많은 도시들을 거슬러 올라 한번쯤 깊숙한 인간의 마을에 가 닿고 싶었는지도 모른다

*

그러나 나는 겨우 하노이에 도착했고 거기까지 서울의 눈발들이 따라오진 못했다

*

그러자 내 마음속에서 음악 소리가 들려왔다

*

음악 소리가 들려오자 내 마음속에선 처음 보는 눈이 내리기 시작했다

*

눈이 내리기 시작하자 낡은 추억의 주전자에서 커피 물이 끓기 시작했다

*

커피 물이 끓기 시작하자 잃어버린 연애처럼 마음이 아파왔다

*

마음이 아파오자 누군가 씨클로를 끌고 나에게 다가왔다

*

나를 무옹족의 아오자이 천사에게로 데려다 줄 수 있냐고 나는 물었다, 여기서 멀다고 했다

*

나를 티엔무寺로 데려다 줄 수 있냐고 물었다, 역시 여기서 멀다고 했다

*

나를 후에 시내의 후옹 강으로 데려다 줄 수 있냐고 물었다, 그곳 역시 여기에선 너무 멀다고 했다

*

   나를 호치민市의 중앙 우체국으로 데려다 줄 수 있냐고 물었다, 그곳까진 씨클로로 갈 수 있는 거리가 아니라고 했다

*

   나를 잃어버린 내 옛사랑에게로 데려다 줄 수 있냐고 물었다, 신 로이, 쾅 머이 풋, 미안합니다만, 몇 분 정도 걸립니까, 라고도 물었던 것 같다, 그는 고개를 절레절레 흔들며 씨클로를 돌려 떠나버렸다

*

   남북 종단 협궤열차는 이미 떠났다고 했다

*

   나는 하노이 36거리로 가서 라면을 먹었다

*

 카페 22B에 가고 싶었지만 나는 그냥 거리를 바라보며 밤새 베트남 소주 꿕루이를 마셨다

*

 하롱 하롱 멀리, 거짓말처럼 하롱만이 보였다

*

 모든 것이 뒤죽박죽이다, 눈을 뜨고 있어도 나는 어둡다, 나는 눈을 감고 시를 쓴다, 나는 눈을 감고 하노이 36거리의 시를 쓴다, 베트남은 여기에 없지만 하노이 36거리는 여기에 있다, 나는 하노이 찬티엔 거리의 영화관에서 단냐트민 감독의 〈물가의 여인〉이라는 영화를 본다, 자전거를 빌려 타고 호안 키엠 호수 근처를 서성거린다, 다시 하노이 36거리로 간다, 모든 것이 뒤죽박죽이다, 나는 눈을 감고 시를 쓴다, 밤새도록 길모퉁이 가게에서는 퍼를 먹으며 젊은이들이 웃고 떠들고 있다, 〈토이체 쿠이〉라는 신문을 보며 담소를 나누고 있다, 기차를 놓치고 비행

기마저 놓친 나는 내친김에 하노이 36거리에서 라면 장사나 해야겠다는 생각을 한다, 작지만 왠지 당당해 보이는 저 사람들에게 내가 끓인 라면을 먹이리라, 내가 만일 시인이라면 그들에게 내 노래 한 곡 정도는 불러줄 수 있으리라, 나는 눈을 감고 시를 쓴다, 체라는 필명으로 하노이 36거리에서 나는 눈을 감고 시를 쓴다, 하노이 36거리에서 이제 나는 체다, 또이 비 깜, 또이 비 솟, 난 감기에 걸렸어요, 난 지금 열이 좀 있어요, 헛소리처럼 중얼거리며 나는 눈을 감고 풍경 저 너머의 시를 쓴다, 이것이 지금 체가 쓰는 하노이 36거리에서의 횡설수설 시편들이다

그러나 그대는, 지금 어디에 있는가……

땀 비엣, 안녕히

*

내 마음이 우두커니 함소화 곁에 앉아 있던 어느 겨울 저녁이었다

자스민 푹푹 삶는 밤

  저녁에 눈이 내렸다, 눈이 내려서 저녁이 온 것인지도 몰랐다
  세상의 지붕보다 높은 내 방의 창가에서 눈에 뒤덮인 지붕들을 보았다
  눈발의 계단을 하나씩 딛고 내려가면 저 낮고 순결한 영토에 다다를 수 있을 것만 같았다

  눈이 내려서 저녁인지도 몰랐다, 계속 눈이 내려서 계속 저녁인지도 몰랐다
  등불들이 돋아나는 밤, 등불들은 내리는 눈발을 받아먹으며 발그레 피어올랐다
  먼 곳의 소식처럼 먼 곳의 불빛들은 희끗희끗 날리는 눈발에 묻혀 보이지 않았다
  보이지 않는 불빛을 애써 보려 하지 않듯 나는 그 순간 먼 곳의 소식을 묻지 않았다
  묻지 않아도 눈이 내리고 있었다, 더 이상 묻지 말라는 듯 눈이 내리고 있었다

저녁에 눈이 내렸다, 눈 속으로 또 눈이 내렸다
허공에서 당당하게 어깨동무하고 내리는 눈이
아직 뭐라 아무런 이름 붙여지지 않은 눈이
地上의 고단한 옆구리를 채워주고 있었다

저녁에 눈이 내렸다, 눈이 내려서 내가 가지 못하는 곳까지 눈발들은 다 가주었다
저녁에 눈이 내렸다, 눈이 내려서 내가 묻지 못하는 사랑까지 눈발들은 다 물어주었다
밤새 자스민 푹푹 끓이던 밤이었다

이냥가는 8줄이다

삶의 기원

쿠르베의 그림 〈세계의 기원〉*을 보았나요, 나는 나의 기원을 찾아가는 밤입니다

생의 우울을 치료하기 위해 라벤더 좁을 찾아가는 밤, 음악은 '님은 먼 곳에' 이구요

그 음악을 한 장 넘기고 나면 펼쳐지는 바다, 한낮의 꿈속에서 보았던, 종려나무 나란히 어깨동무하고 지키고 있던 바다, 구름은 옥양목 빛깔이었구요, 아직 이름 붙여지지 않은 채 불어오던 未來, 내가 그대라고 명명한 투명한 생의 펄럭임들

어느 객주집 생선가시가 있는 마루방에서 만났던 여자 千姬를 노래했던 백석은 도요가 씨양씨양 운다고 했었나요

---

* 〈세계의 기원〉 — 구스타브 쿠르베 作, 1866년 터키인 외교관 칼릴 베이로부터 의뢰를 받아 사진처럼 사실주의 방법으로 그린 작품으로, 털이 수북하게 난 여자의 성기를 주제로 한 작품이다.

삶은 고조곤히 저 스스로의 기원을 찾아가는 밤입니다 나는 나의 나귀를 타고 씨양, 아직 태어나지도 않은 그대를 찾아가는 밤입니다

그녀에게

고통이 습관처럼 밀려올 때 가만히 눈을 감으면 바다가 보일 거야
석양빛에 물든 검은 갈색의 바다, 출렁이는 저 물의 大地

누군가 말을 타고 아주 멀리로 갔다가 다시 돌아오는 모습이 보일 거야
그럴 때, 먼지처럼 자욱히 일어나던 生은 다시 장엄한 음악처럼 거대한 말발굽 소리와 함께 되돌아오기도 하지

북소리, 네 심장이 고동치는 소리를 들어봐
고독이 왜 그렇게 장엄하게 울릴 수 있는지 네 심장의 고동소리를 들어봐

너를 뛰쳐나갔던 마음들이 왜 결국은 다시 네 가슴속으로 되돌아오는지
네 가슴속으로 되돌아온 것들이 어떻게 서로 차가운 살갗을 비벼대며 또다시 한 줄기 뜨거운 불꽃으로 피어나는지

고통이 습관처럼 너를 찾아올 때 그 고통과 함께 손잡고 걸어가 봐
　고통과 깊게 입맞춤하며 고독이 널 사랑할 때까지 아무도 모르는 너만의 보폭으로 걸어가 봐

　석양빛에 물든 저 검은 갈색의 바다까지만
　장엄한 음악까지만

사곶 해안

고독이 이렇게 부드럽고 견고할 수 있다니
이곳은 마치 바다의 문지방 같다
주름진 치마를 펄럭이며 떠나간 여자를
기다리던 내 고독의 문턱
아무리 걸어도 닿을 수 없었던 生의 밑바닥
그곳에서 橫行하던 밀물과 썰물의 시간들
내가 안으로, 안으로만 삼키던 울음을
끝내 갈매기들이 얻어가곤 했지
모든 걸 떠나보낸 마음이 이렇게 부드럽고 견고할 수 있다니
이렇게 넓은 황량함이 내 고독의 터전이었다니
이곳은 마치 한 생애를 다해 걸어가야 할
광대한 고독 같다, 누군가 바람 속에서
촛불을 들고 걸어가던 막막한 생애 같다
그대여, 사는 일이 자갈돌 같아서 자글거릴 땐
백령도 사곶 해안에 가볼 일이다
그곳엔 그대 무거운 한 생애도 절대 빠져들지 않는
견고한 고독의 해안이 펼쳐져 있나니

아름다운 것들은 차라리 견고한 것
사랑이 썰물처럼 빠져나간 뒤에도
그 뒤에 남는 건 오히려 부드럽고도 견고한 生
백령도, 백 년 동안의 고독도
규조토 해안 이곳에선
흰 날개를 달고 초저녁별들 속으로 이륙하리니
이곳에서 그대는 그대 마음의 문지방을 넘어서는
또 다른 生의 긴 활주로 하나 갖게 되리라

당나귀 여린 발자국으로 걸어간 흙밤

내 고독의 大地 위로 인플루엔자 같은 사랑이 왔네

사랑은 고통처럼 깊어 비 내리다 눈 내리다 봄밤은 좀처럼 마당가에 있는 꽃봉오리에게로 가지 못하네

나는 습관처럼 또 담배를 피워 물고 지금 다시 사랑은 치명적으로 덜컹거리네, 밤마다 그대에게로 가는 길을 묻기 위해 가수들은 밤새 파두를 부르지만 나는 밤의 부둣가에서 그대에게 밀항하기 위하여 내 상처를 두들겨 木船 한 척 맹그네

나의 목선이 밤새 저 검푸른 파도를 헤쳐나가면 끝내 그대 눈동자의 새벽에 닿을 수 있을까
 정박할 수 있을까

밤이 아파하는 곳으로부터 地上의 상처 같은 초저녁별들 떠오르고
 그대가 아파하는 곳으로부터 나는 또 비 내리고 눈 내

리네

　파두 듣는 밤, 비에 젖고 눈에 묻힌 봄밤
　백 년 동안의 고독이 비 내리다 눈 내리다 지쳐 이제는 파두, 파두, 파두, 소리치며 나에게로 쏟아져나오는 고독의 흙밤

　밤하늘엔 여전히 아물지 못한 별빛들 당나귀 여린 발자국처럼 빛나는데 강을 건너 사막을 지나 내 영혼의 天體와 심장의 천막을 펄럭이게 하며, 독감 같은 사랑이 왔네

　내 사랑의 大地 위로 인플루엔자 같은 고독이 찾아왔네

폐허의 속도

나는 그대를 잘 모른다, 그대 떠난 후
누군가 또 이곳에 와 한참을 살다가 이제는 떠나버린 황폐한 땅에 도착했을 뿐이다
잡초로 우거진 그대 집 조그만 앞마당 한 구석에 우두커니 앉아 담배나 피우고 있을 뿐이다
그리고 이 황폐한 마당을 그냥 홍명희 정원이라고 불러보았을 뿐이다
그랬을 뿐이다, 그렇다 나는 왜 이렇게 폐허에만 집착하는지 모르겠다
그대가 이곳에 살지 않았더라도 나는 잡초 우거진 이 조그마한 앞마당을 서성거렸을 것이다
홍명희라는 이름이 붙지 않았을지라도 나는 이 제멋대로 자라난 세월 앞에서 서성거렸을 것이다
그랬을 것이다, 그렇다 나는 내가 왜 이렇게 부재하는 生 앞에서만 겸허해지는지 모르겠다
장마가 끝나고 이제 그대 집 앞으로는 붉은 흙탕물의 괴강이 흘러간다
저 격렬한 강물의 흐름 속에서 나는 사랑의 속도를 본다

그대의 사랑도 한때는 저와 같은 속도로 흘러갔을 것이다

그대가 사랑했던 그 누군가의 生도 자기만의 고독의 屬島로 그렇게 흘러갔을 것이다

속도가 없는 고독이 어디 있으랴, 침잠해 있는 고독을 어찌 사랑이라고까지 부를 수 있으랴

나도 그렇다, 나는 왜 격렬하고 빨리 지나간 것들에게서만 사랑을 느끼는지 모르겠다

나는 이제 그대 집 황폐한 앞마당에 당도하여 이곳을 홍명희 정원이라고 불러본다

그러나 조만간 이곳도 깔끔하게 머리 깎은 세월이 안치되고 곳곳에 그대 이름 나붙은 기념석들로 단장되리라

방문객들은 앞 다투어 그대의 이름과 그대가 남긴 몇 줄의 글들을 추억하리라

그러나 사람들은 끝내 알지 못하리라, 어느 여름날 한 젊은 시인이 이 낡은 정원을 떼 매고 더 깊고 아득한 폐허로 이미 떠났다는 것을

열병나무

오늘은 일찍 집에 들어와 水菊에 물을 주었다

말라리아 모기가 있는 곳에는 항상 열병나무가 자란다
열병나무는 가끔 그대 몸에서 내 몸으로 옮겨오기도 한다
이런 나무는 처음이다, 나는 미안하지만 아직도 사랑을 모른다
열병나무가 나에게로 옮겨오는 날이면 내 몸 속에서는 작열하는 태양이 뜬다
그것이 열병나무의 소행이라는 것을 아는 사람은 다 안다

집에서 기르는 水菊은 하루만 물을 주지 않아도 자기의 색깔을 잃어버린다
쉽게 토라지는 그래서 항상 내가 챙겨주어야 하는 水菊이 있다는 게 나는 좋다

문제는 내 몸 안에 있는 열병나무다

이놈은 도대체 아무리 물을 마셔도 수그러들 줄 모른다
오히려 매일 밤마다 나에게 뻔뻔하게 알코올을 요구한다
이제 나는 나의 열병나무에 지쳐버렸다
술이란 것은 내 상식으로는 기분 좋을 때 마시는 것이다
물론 그것과 기분이 정반대일 경우에도 마시긴 한다

나는 내 몸 안에 있는 열병나무가 싫다
그리고 그 열병나무 근처에 서식하는 말라리아 모기들이 너무 싫다
말라리아 모기들은 설익은 레몬 빛깔의 열병나무 껍질에 빌붙어 산다
나는 내 영혼에 열병을 옮기려는 말라리아 모기 같은 그대들이 싫다
그대들이 웃고 떠드는 그 저녁과 열병나무 아래에서의 저녁식사가 나는 너무나 싫다

열병나무여,

열병나무 아래 그대들이여
이제는 나를 떠나가다오
이제 나는 사랑도 명예도 음악도 남김없이
그대들을 떠나려 한다, 열병나무여
열병나무 아래를 서성이는 말라리아 모기떼 같은 저녁
이여

수염

　수염을 한동안 깎지 않았더니 마음밭이 더 황폐해져 간다
　좀더 황폐해져도 되리라, 코끼리들이 지나간 내 마음의 강변
　그 구석 어디엔가 물살에 씻긴 깨끗한 돌멩이 하나 있으리라
　수염을 한동안 더 깎지 말아야겠다

　턱수염을 손끝으로 만지면
　손끝에서 돋아나는 베트남의 대나무 숲

　호치민처럼 내 마음에 공화국 하나 세워야 하리라
　황폐한 들판에 세워질 턱수염 공화국
　폐 공화국으로 들어간 담배 연기의 밀사들이
　언젠가 콧수염 공화국으로 내면의 밀서를 갖고 돌아오리

그 깃발, 서럽게 펄럭이는

기억의 동편 기슭에서
그녀가 빨래를 널고 있네, 하얀 빤스 한 장
기억의 빨랫줄에 걸려 함께 허공에서 펄럭이는 낡은 집 한 채
조심성 없는 바람은 창문을 마구 흔들고 가네, 그 옥탑방

사랑을 하기엔 다소 좁았어도 그 위로 펼쳐진 여름이
외상장부처럼 펄럭이던 눈부신 하늘이, 외려 맑아서
우리는 삶에,
아름다운 그녀에게 즐겁게 외상지며 살았었는데

내가 외상졌던 그녀의 입술
해변처럼 부드러웠던 그녀의 허리
걸어 들어갈수록 자꾸만 길을 잃던 그녀의 검은 숲속
그녀의 숲속에서 길을 잃던 밤이면
달빛은 활처럼 내 온몸으로 쏟아지고
그녀의 목소리는 리라 소리처럼 아름답게 들려왔건만
내가 외상졌던 그 세월은 어느 시간의 뒷골목에

그녀를 한 잎의 여자로 감춰두고 있는지

옥타비오 빠스를 읽다가 문득 서러워지는 행간의 오후
조심성 없는 바람은 기억의 책갈피를 마구 펼쳐놓는데
내 아무리 바람 불어간들 이제는 가 닿을 수 없는, 오
옥탑 위의
옥탑 위의 빤스, 서럽게 펄럭이는
우리들 청춘의 아득한 깃발

그리하여 다시 서러운 건
물결처럼 밀려오는 서러움 같은 건
외상처럼 사랑을 구걸하던 청춘도 빛 바래어
이제는 사람들 모두 돌아간 기억의 해변에서
이리저리 밀리는 물결 위의 희미한 빛으로만 떠돈다는 것
떠도는 빛으로만 남아 있다는 것

섬진족의 가을

어느 날 문득 그대가 내 家系를 물어오면
나는 내 마음의 좌측 심장을 관통해 흐르는
강물의 이름으로, 섬진족이라 말하리라
강가에 쌓아놓은 모래알들의 낟가리
그 따스한 모래 속에 발을 묻고
섬진강 물결 속에 손을 담그면
강바람은 내 얼굴을 모닥불처럼
피워 올리리, 따스하리
바라보는 풍경들이 내 시선에 익어
고요히 단풍 들어갈 때
은어떼 내 손금 속 강물을 따라
점점 가을로 올라오리니
그대가 나에게 가을이 어디에 있냐고 물어오면
그대를 데리고 하동 평사리 백사장으로 가리
처음부터 끝까지 맨발로 걸어
뜨겁게 단풍 드는 발바닥이
섬진족의 가을에 당도할 때까지

아주 오래된 草原

'보도블럭을 들어보라, 그곳에 해변이 있다' 라는 말이
 불란서 68세대의 구호였다는 걸 말해 주는 어느 시인의
시집을 읽다가
 아, 구호도 시가 될 수 있구나, 나는 혼자 중얼거린다
 나는 갑자기 그 구절이 너무 좋아
 내 컴퓨터 화면 보호기 바탕 문구로 그 글귀를 적어본다

'보도블럭을 들어보라, 그곳에 해변이 있다'

너무 짧은 것 같아 다른 구절도 더 적어본다

'보도블럭을 들어보라, 그곳에 해변이 있다 ― 불란서
68세대의 구호
 내 청춘의 격렬비열도엔 아직도 음악 같은 눈이 내리지
― 내 말
 우린 매일 이별하며 살고 있구나 ― 김광석'

컴퓨터 화면을 보호하기 위해 글자들이 지나간다

草原의 무엇을 보호하기 위해 말 탄 자는 지나갔나

보도블럭을 들어보라, 그곳에 아주 오래된 본질적인 草原이 있다

인생은 빌린 배

인생은 빌린 배와 같다고 아버지는 말씀하셨다
이 작은 배를 나는 언제 돌려주게 될까*

눈보라가 몰아치는 한겨울, 생계가 어려워진 한 가족이 그들의 집을 밧줄로 묶어서 눈밭 위로 끌고 가고 있다, 그들은 이사를 가고 있는 것이다

바닷가 전망 좋은 곳으로 집을 끌고 가서는 폭풍우에 집이 날아갈까 봐 다시 집을 땅 위에 밧줄로 꽁꽁 묶어둔다, 낡은 집에 의해 바닷가 전망이 다소 가려진다

결국은 폭풍우에 낡은 집이 날아가 버리고 다시 전망이 좋아진다, 는 내용의 영화가 있다

낡은 집에 관한 이야기 같은데 영화의 제목은 〈쉬핑뉴

---

* 인생은 빌린 배와 같다고 아버지는 말씀하셨다.
이 작은 배를 나는 언제 돌려주게 될까 — 테오도르 모노.

스〉, 선적 소식이다

 그리고 주인공은 아직 신문기사의 헤드라인도 제대로 못 잡는 〈개미 버드〉라는 신문의 초보 기자다, 개미 버드라니!

 그 외에도 이 영화에는 더 많은 것들이 선적되어 있을 것이다

 인생은 빌린 배와 같다고 아버지는 말씀하셨다
 이 작은 배를 나는 언제 돌려주게 될까

 인생은 빌린 배와 같다고 어머니도 말씀하셨다
 이 작은 배를 타고 나는 어디까지 온 걸까

 영화 속 주인공의 어투를 빌어 표현하자면, 오늘 이 글의 헤드라인은

'이번 生엔 시 같은 건 쓰지 마!'

쉬핑 뉴스 끝.

눈먼 무사

눈멀어 나 이제사 고향에 돌아왔네

아픈 몸 좀 눕히고 잃어버린 풍경의 시력 회복하러 시골에 있는 누님 댁에 내려와 며칠을 골방에서 뒹구네
그러나 고향은 고향이되 더 이상 고향이 아닌 이곳에서 이제 나 몸도 마음도 쉽게 쉬지를 못하네

시골 농협에서 나누어준 달력을 치어다보며 가까스로 일주일을 버티네, 내가 살았던 옛마을이
고스란히 담겨 있는 농협 달력, 나는 하루에도 서너 번씩 자전거를 타고 달력 속으로 난 길을 달리네

내려올 때 가져온 백석과 이용악의 시집, 가끔은 또 그 낡은 너와집에 들어가 서너 시간 아무 말 없이 뒹굴기도 하네

겨울 바람이 문풍지를 싸아하게 두드리고 가는 거, 그게 음악이지

生은 눈을 감고서라도 필사적으로 귀향하는 거, 그게 바로 시지

그런 생각을 할 때면 내 가슴에서 포르릉 날아간 멧새들의 소리 다시 들려오기도 했네, 명치끝에서 고드름처럼 다시 자라나기도 했네

대낮에도 어두컴컴한 시골 골방에 누워 있다가 봉창 여는 재미 아시는지

내 안의 날숨과 들숨이 세상을 향해 뚫어놓은 작은 통로, 맑고 차가운 숨결들이 누 떼처럼 넘나드는 저 벅찬 통로, 날것들이 생생하게 드나드는 저 生의 경계선

(니북에서는 방송 채널을 통로라고 한다지?
형광등 꼬마 전구를 씨불알이라고 한다지?)

씨불알 저게 바로 生이지, 시골에 내려와 어느 방송 통

로에선가 아프리카 누 떼가 필사적으로 강을 건너는 모습을 보네, 거친 물살을 가로지르는 저 필사적인 生의 이동, 그게 바로 음악이고 귀향이지

  生은 두 눈 부릅뜨고 귀향하는 것
  아니 生은 눈을 감고서라도 필사적으로 귀향하는 것

  고향에 내려와 바람의 음악 소리 들으며 나 조금씩 고향을 회복하네
  눈 쌓인 산과 벌판이 나에겐 그 어떤 진통제보다도 강력한 위안
  눈멀어 내려온 고향에서 눈감으면 이제사 조금씩 복사꽃 핀 마을 보이네
  복사꽃 사이로 날아다니던 호랑이들, 그 옛날 무사들 보이네

  노래보다 먼저, 시보다 먼저 본질적인 사랑이 눈을 밝게 하네, 그러한 곳에 이제사 나 눈감고 가까스로 당도한

것인데

  사랑보다 먼저 사랑에 눈먼 나보다 먼저 오래전부터 이곳에서 나를 기다리고 있는 그녀, 깊은 밤 봉창문을 통해 은은한 숨결을 보내오는 그녀

  달빛만 저 홀로 휘영청 밝은 밤

  그러나 여전히 눈 감고 골똘히 귀향하고 있는 눈먼 무사, 반가사유로 아득히 깊어가는, 눈이라도 펑펑 내릴 것 같은 칠흑의 밤

가을 저녁寺

나는 걸어서 가을 저녁寺에 당도합니다

한 사내가 물거울에 자신의 낯을 비추어보며 추억을 빨래하고 있는 가을 저녁입니다

잉걸불처럼 타들어가는 개심사 배롱낭구 꽃잎에는 어느 먼 옛날 백제 처녀의 마음도 하나 들어 있을 테지요

저녁 예불 드리던 개심사 범종 소리는 서른두 번째에서 한참을 머뭇거립니다 마지막 종소리는 가을 저녁寺로 불어오는 바람에게나 내어주고요

가을 저녁寺에 호롱불이 돋는 地上의 유일한 저녁입니다

한 사내가 연못거울에 어두워지는 낯을 비추어보며 끝내 자신이 걸어가 당도할 집을 생각하는 참 고요하고 투명한 가을 저녁입니다

나는 걸어서 가을 저녁寺를 내려옵니다

그녀가 걸어가 당도할 집

 한밤중에 무산에 도착했다, 석탄처럼 쌓여 달빛에 반짝이는 무산의 검은 밤

 백암에서 백무선 열차를 타고 무산으로 오는 동안 맞은편에 앉아 있던 함경도 처녀는 내내 말이 없었다

 말이 없어야 처녀다웠던 한 시절은 이미 다 지나갔는데 그녀는 왜 종내 아무 말도 하지 않았던 걸까

 한밤중에 무산에 도착했다, 무산역 근처 제재소에서는 백두산 자작나무 톱밥 타는 냄새가 났다

 나는 그녀를 보내지도 않았는데 그녀는 어둠 속으로 떠나갔다

 함박눈이라도 내리려는 걸까 오늘따라 달무리도 참 고왔는데 나는 왜 갑자기 백무선 야간열차처럼 덜컹거리는 연애가 그리워지는 걸까

그녀가 떠나간 먼 길로부터 소리도 없이 함박눈이 쏟아지기 시작했다

그때부터였을까 함박눈 사이로 반짝일 갈매나무처럼 정갈한 불빛을 나는 생각하였다

한밤중에 그녀가 걸어가 당도할 집이 나는 그리워졌다

막무가내로 함박눈 쏟아져 그토록 마음 하얗게 밝아오던 무산의 백야

---

* 백무선 야간열차를 타면 함박눈 펑펑 내리는 함경북도 무산역에 당도할 것만 같은 그런 밤이다. 그러나 나는 하얀 담배나 꼬나 물고 이렇게 서울의 밤에 앉아 뜬눈으로 하얗게 밤을 지새며 이런 글이나 쓰고 있다. 백무선 야간열차처럼 덜컹거리는 연애나 꿈꾸고 있는 것이다.

씨양씨양, 도요가 운다

옛 애인에게서 전화가 오고 메이저 리거 김병현은 자본주의의 심장을 향해 중지를 들어 보였다

나는 술에 취해 있었지만 그때부터 갑자기 그가 좋아지기 시작했다

언제부터인가 내 마음속에선 씨양씨양, 도요가 울고 있었다

아마 나뭇잎들 서서히 붉게 물들어가던 그런 가을날이었을 거다

뉴질랜드에 사는 옛 애인에게서 안부를 묻는 전화가 오고 나는 술에 취해 음악을 듣고 있었지만 김병현은 좆만도 못한 未國을 향해 좆이라도 한번 되어보라고 중지를 치켜올렸다

나는 술에 취해 있었지만 갑자기 루이스 세풀베다가 좋

아지기 시작했다 연애 소설 읽는 노인이라도 한번 되어보고 싶었다

　한번 애인은 영원한 애인이라는 착각 속에 마냥 행복하게 늙어갈 수만 있다면 나도 세상을 향해 보라는 듯이 중지를 치켜올리고 싶었다

　도요가 우는 내 마음의 개마고원 분교에 나귀를 타고 게으르게 출근할 수만 있다면 저자거리의 개밥그릇을 향해 감자라도 한 방 먹이고 싶었다

　감자만 먹고살아도 행복한 내 마음의 개마고원으로 가고 싶었다

　씨양씨양, 도요가 울지 않아도 좋았다

　더 이상 연애 소설 같은 건 읽지 않아도 좋았다

옛 애인의 전화 같은 건 더 이상 오지 않아도 좋았다

맑은 정신으로, 걸어서라도 그곳에 당도할 수만 있다면 마로니에 칠엽수 아래에서의 커피 향 같은 달콤한 연애는 아예 없어도 좋았다

그러나 옛 애인에게서 전화가 오고 술에 취해 쓰러져 누운 내 삶을 향해 어느 날 개마고원이 자작나무의 중지를 치켜올렸다

그때부터 내 마음에 개마고원 분교 하나 들어섰다 내가 매일 나귀를 타고 출근하는 개마고원 분교, 억새들 자욱하게 흔들리는 내 마음의 대안 학교

옛 애인에게서 전화가 오고 누군가 세상을 향해 중지를 치켜올렸다

나는 술에 취해 있었지만 언제부터인가 내 마음속에선

씨양 씨양, 도요가 울고 있었다

씨양, 이제는 울지도 않는다

가을이 도저하게 깊어가던 그런 날들 속에서였다

백야

1

나는 산다, 촛불의 사원에서, 흰 바람벽도 없이

2

촛불을 켜면 하루가 시작되고 촛불을 끄면 하루가 가는 촛불의 지구에서 밤은 나의 생애다

3

밤은 시의 생애다, 마음의 다락방에 올라가 보라, 별들을 韻算하는 저 무한천공의 바람이 시다, 흔적도 없이 사라지는 시의 생애다

4

촛불을 켤 때 비로소 나는 시인이다, 촛불의 시간 속에서만 나는 到底한 생애다

5

촛불을 너무 오래 들여다본 자는 조금씩 눈이 먼다

6

  조금씩 멀어가는 눈으로 바라보는 꿈, 그게 삶이라는 거다

7

  내가 태어나기도 전부터 도처에서 붉고 노오랗게 깊어가던 가을, 도저히 감당할 수 없는 그 가을 속으로 언젠가 나는 들어가 본 적이 있다

8

  꾸냥, 혀끝에 감도는 네 그리운 살결의 내음새를 아득한 옛날 어느 바닷가 객주집 토방에 나는 살뜰히도 버리고 왔다

9

  統營이라는 시를 읽다가 알뜰한 그대 생각을 했다, 가슴 한켠으로 물큰 밀려오는 물미역 같은 퍼어런 서러움, 내가 놓쳐버린 시간이 지금 어느 수심을 헤매고 있을까

10

사랑을 불멸이라고 생각한다면 그러한 생각이 불멸인 것이다, 도무지 사랑은 치열하지만 도무지 사랑은 어디에도 없다

11

어디에도 없는 사랑 때문에 달이 뜨는 밤이다, 그러나 지구의 유일한 전등이었던 달의 시대는 갔다, 근초고왕 때이다

12

그러나 서부 티베트 마나사로바 호수에는 아직도 밤마다 달이 뜬다, 그 호수 옆에 암자를 짓고 밀라레빠가 시를 쓰며 살고 있다

13

밀라레빠가 시 하나 쓰면 티베트 늑대 찬쿠가 그 시를 물고 성스러운 캉린포체를 향해 오른다, 달빛 아래서 씩

어진 유일한 시다

　　　　　　14

　창포 강가에 겨울 같은 가을이 왔다, 얼음장 위로 얼비치는, 그대 검은 천막에서 흘러나오는 불빛이 오늘따라 깊고도 투명하다

　　　　　　15

　오늘따라 너무나 그대가 보고 싶어 가만히 눈을 감아본다, 내 생의 절벽에서 아직도 여전히 운산 마애불처럼 웃고 있는 참 무심한 그대, 지금 그대가 바라보는 이 세상의 나뭇잎들은 모두가 나에게서 돋아난 반가사유상들이다

　　　　　　16

　숙신과 말갈의 시간이 그대를 데려갔다

　　　　　　17

　돌궐족처럼 사랑이 창궐하던 시절, 나는 내 사랑을 잃었다

18

사랑을 잃은 후 갑자기 나는 왜 민물 새우가 먹고 싶은 걸까, 한나절 따스한 햇살이 쏟아지는 시골집 툇마루에서 민물 새우가 끓어 넘친다

19

사랑 같은 거 다 지난 뒤, 쓸쓸하고도 따스한 툇마루에 나와 앉아 끓어 넘치는 민물 새우의 맛을 보는 일처럼만, 그렇게만 살고 싶은 오후

20

오후도 지나고 저녁도 다 지나서 밤하늘에 촛불 하나 켜진다, 저 휘어진 달빛

21

달빛 아래서 누군가 저 자신을 악기처럼 연주할 때 고독은 활처럼 휘어져 있다

22

밀라레빠의 시를 찬쿠가 물고 달아난다면 나의 시는 다만 그러한 밤을 기록하기 위하여 씌어질 것이다

23

나의 시를 시라고 부르지 않는 그대를 나는 찬쿠라고 부른다

24

그러나 나는 찬쿠가 나의 시를 물고 달아나는 그러한 밤을 얼마나 꿈꾸었는가

25

말갈과 숙신의 시간이 나의 시를 데려가버렸다

26

나는 다시 내 고독의 사원으로 되돌아온다, 밤 공기의 밀물, 자기 앞의 生의 한가운데 떠 있는 수도원 몽생 미셸

27

　나도 한때는 광대한 고독의 대륙을 횡단한 적이 있다, 광개토대왕 때이다

28

　나는 이제 불 꺼진 내 마음의 폐허에서 다시 촛불을 켠다, 흰 바람벽도 없이

29

　촛불이 내 삶의 유일한 불꽃인 시간이 되었다, 드디어 나는 내 生涯에 당도한 것이다

30

　그러나 나는 삶에 대한 성찰 따위를 모른다, 나는 아직도 삶 以前인 것이다

31

　객주집, 토방, 질화로, 호롱불 켜는 밤 — 한때 내가 속

해 있던 시간들을 나는 분명히 기억하고 있다

32

내가 나귀를 타고 다니던 시절, 저녁은 내 심장의 촛불 곁으로 아주 천천히, 조심스럽게 다가오곤 했다, 소수림왕 때이다

33

그대와 함께 한 잔의 차를 마시던 시간이 있었다, 랴오뚱 반도의 내가 산뚱 반도에 앉아 있는 그대를 바라보며 한 잔의 차를 마시던 시간, 그 시간의 틈 사이로 기우뚱거리며 하염없이 눈이 내렸다, 유리왕 때이다

34

배롱나무 꽃잎들이 하롱하롱 떨어지는 길을 나귀를 타고 지난 적이 있다, 근초고왕 이전의 일이다

35

　나는 시간의 질서 따위에 속해 있지 않다, 나는 시시로 편재해 있고 때때로 부재해 있다

36

　그러나 나는 산다, 촛불과 고독의 사원에서, 추억을 재상영할 흰 바람벽도 없이

37

　흰 바람벽도 없는데 온다 그대는 흰 바람벽도 없는데 와서, 어두워지는 내 망막에 명멸하는 환등기를 돌리고 간다, 근초고왕 이후의 일이다

38

　비 내리고 바람 부는 내 마음의 랴오닝城 근처에서 흰 바람벽도 없이, 나는 왜 아직도 눈을 감고 그대를 관람하고 있는가

39

 이 밤 누가 또 환등기를 돌리고 있나, 남십자성이 떴다, 눈먼 자의 꿈속에나 뜨는 별

40

 촛불 너머, 남십자성 극장, 하루 종일 비 내리는 그대가 내 생애다

41

 나는 나의 촛불을 너무 오래 들여다보았다, 이건 나 때의 일이다

42

 흰 바람벽도 없는데, 추억도 반성도 없는데, 나의 생은, 밤은 막무가내로 깊어져간다 그래서 지금은 라벤더 향기가 필요한 시간, 나만의 천사가 필요한 시간

43

민물 새우가 끓어 넘친다

44

하얀 밤이다

전등사

　세상의 밤은 모두 전등사 아래로 온다

　대낮의 폭설과 폭설에 뒤덮인 세상의 지붕들을 이끌고 와서는
　하루 동안 어깨 위에 쌓여 있던 눈발들을 툭툭, 팔만대장경처럼 전등사 마당에 흩뿌려놓는다

　어둠과 함께 나의 生도 전등사 아래로 돌아온다

　선수항 지나 반달 언덕쯤, 석모도 떠나가는 옛사랑의 뱃길 전송하던 눈발이며 허공의 유목민처럼 떠돌던 눈송이 몇 개도 어둠과 함께 전등사 아래로 와 깃든다

　지상을 떠도는 눈발들은 지금 모두 전등사 아래로 온다

　전등사에 밤이 찾아와, 누군가 오래 淑香傳을 읽는 밤
　희미한 옛사랑의 그림자들도 다시 전등사 아래로 돌아오는데

낮에 내리던 눈발 아직도 여전히 남아서 서성거리는 이 밤을
한 잔의 찻물 속에서 고요히 끓어오르는 이 겨울밤을, 잠들지 못한 내 마음이 끝내 불 밝히고 있는

이 地上의 전등寺 한 채

밀롱가에서*

밀롱가 거리에 바람이 불어요
그대와 함께 하루 종일
밀롱가 거리를 쏘다녔지요
발이 아플 즈음에 저녁이 왔구요
바람에 떠밀려 초저녁별들도 밀려왔어요
우리를 따라온 어둠이
건물에 하나 둘
불빛을 매달았구요

우리는 좁은 계단을 따라 올라가
밀롱가 거리의 이층 찻집에 들어갔지요
군데군데 호롱불이 켜져 있던 마구간 같던 실내
그곳에서 우리는 따뜻한 마유주를 마셨지요
창밖엔 이미 캄캄한 어둠이었는데요

---

* 밀롱가 — 아르헨티나 탱고 음악의 초기 형식, 어느 겨울밤, Astor Piazzolla의 〈Milonga〉를 듣다가 나는 문득 티베트 라사 거리의 이층 찻집을 떠올렸는지도 모른다, 내가 가보지 못한, 어쩌면 이 지상에는 없을지도 모르는 밀롱街의 이층 찻집.

간혹, 그대가 탁자 위 술잔을 채우던 소리는
이미 아름다운 음악이었지요

그해 겨울, 그대와 내가 숨어들었던
밀롱가 거리의 이층 찻집은 우리의 짧은 생애였지요
시끄럽던 중국인 거리의 홍등가를 지나가면
문득 나타나던
줄 없는 현악기 같았던 건물 한 채,
  그대의 숨결이 내 가슴에 닿아 한 줄기 현으로 이어지
던 곳
  우리의 사소한 움직임도 고요한 음악이 되어 울리던 곳
  악기의 공명통처럼 맑고 투명했던,

  밀롱街의 이층 찻집

워터멜론슈街에서

　니는 보았네 워터멜론슈기의 저녁, 잘 마른 그대 영혼이 한줄기 저녁 연기되어 꿈꾸듯이 어디론가 떠나가는 것을

　한 생애가 고요히 타오르던 워터멜론슈가의 저녁, 그대 영혼의 따순 곁불을 쬐며 어디로 가야할지 몰라 나는 또 地上의 저녁을 한참이나 서성거렸네

　살아서는 못 가는 곳을 그대는 음악처럼 참 부드럽게도 떠나갔네

　비 한 방울 내리지 않는 워터멜론슈가의 저녁을 떠나간 그대, 또 어디쯤의 생에서 한 점 불꽃으로 다시 피어나는지 알 수 없어도

　나는 들었네 워터멜론슈가의 저녁, 그대가 떠나면서 부르던 한 소절의 노래, 이 지상의 불빛들 아래서 한없이 꿈꾸고 사랑하라던
　그대 숨결처럼 불어오던 바람의 속삭임을

나는 걸었네 워터멜론슈가의 저녁, 그대 숨결이 빚어내던 내 눈물의 寶石을 점점 어두워져 가는 밤하늘에 초저녁별들로 걸어두고

　나는 걸었네 自然燈, 음악처럼 환하게 돋아나던 이 지상의 고독 속을
　나는 나의 고독과 함께 오래도록 걸었네

　워터멜론슈가에서
　워터멜론슈가의 저녁에서

室內樂

밴드는 없어요
오케스트라는 없어요
모두가 녹음된 거랍니다

그러나 클라리넷 소리가 듣고 싶으면 들으세요
약음기가 달린 트럼본, 부드러운 트럼펫 소리
모두가 녹음된 거랍니다

— 실렌시오 클럽

1

전등寺의 밤이다

2

밀롱가, 밀롱가, 눈발들 서로 부딪치며 몸 섞는 소리, 아득히 들려오는 워터멜론슈가의 밤이다

3

워터멜론슈가의 어두워지는 계단에 쭈그리고 앉아 거리를 바라본다, 바람은 나의 담배에 불을 붙이고 간다, 바람은 어느새 이 겨울저녁의 돛배를, 조금 더 깊은 생의 江岸쪽으로 밀어다 놓았다

4

로맹 가리와 노가리와 프레데릭 파작과 대작하는 밤, 雨雨雨 알코올의 비, 온몸으로 쏟아지는 밤, 이런 밤은 언제쯤 끝나나, 담배도 다 떨어져가는데 내가 속한 이 밤은 천 개의 별빛이 빛나는 들판의, 검은 천막보다도 더 어둡다

5

커피를 끓여 마셔도 여전히 갈증나는 밤, 다시 녹차를 끓인다 이 녹물 같은 차로 내 갈증이 가신다면 밤새 찻물을 끓일 수도 있으련만, 지금은 다만 녹슨 내 몸의 주전자가 덜컹거리는 소리를 내는 실내악의 밤

6

밤새 녹차를 마신다, 창밖에는 밤새 눈 내리는 소리, 內蒙古의 겨울 같은 내 몸엔 밤새 찻물 흘러가는 소리

7

보이지도 않는데 어떻게 그대는 나에게로 오는 것이냐, 음악이 있어서 나는 그대에게로 가는 거란다, 거란族의 말발굽 소리처럼, 촛불의 음악처럼

8

다시 담배, 다시 어둠

9

눈을 들어 창밖을 보면 아득한 밤의 저편에서 빛나는 산뚱 반도의 불꽃 하나

10

촛불, 불꽃, 그대 생의 타르초

11

그러나 밤마다 생은 내 머리 위의 전등寺에서만 빛나네

12

다시 녹차, 다시 담배

13

다시 내 안의 어둠, 천 개의 별빛이 빛나는 들판의, 검은 천막보다 더 깊은 어둠

14

다시, 천 개의 流星이 천 개의 시를 쓰며 지나가는 내 안의 어둠, 지금 어둠 속에서 빛나는 것은 다 시!

15

한밤중 차를 타고 강원도를 여행하다 보면 멀리 산 중턱에서 깜빡이는 외딴집의 불빛 하나, 아, 그럴 때면 무장공비처럼 그 불꽃의 생 속으로 스며들고 싶어, 아, 난 거의 미쳐!

16

그게 시야, 내 혈액 속의 한 部族이 밤새 성냥불 긋는 소리

17

그게 생이야, 부엌 아궁이에서 잘 마른 참나무들이 말발굽 소리를 내며 밤새 타오르는 소리

18

백야의 음악이지, 잠들지 못하는 전등寺의 지붕을 고요히 덮으며 밤새 獨立戰爭처럼 함박눈, 무장무장 내리는 소리

19

너는 들리니, 나의 생이 밤새 네 영혼의 푸른 共和國을 향해 移住하는 소리

20

아, 가고 싶다, 우리들 영혼의 푸른 고원, 저물녘이면 허공에 방목했던 한 떼의 새들이 천 개의 촛불을 물고 돌아오는 순하고 밝은 저녁의 나라

21

그러나 지금은 전등寺의 밤, 전등사 지붕 위로 하염없이 白旗 같은 눈발 펄럭이는 밤

22

그래서 스파게티 삶는 밤!

23

추억의 마구간에서 말 한 필 꺼내어 그대에게로 달려가고 싶은 밤, 함박눈 펑펑 내리는 저 세상 밤 속으로, 눈발들 머플러처럼 휘날리며 마구 달려가고 싶은 밤

24

그러나 다시 녹차 우려내는 밤, 다 식은 녹차 한 잔으로 남은 마구간의 밤

25

내 몸의 녹슨 태엽을 감으며 유리창 밖에서 울고 있는 하얀 새의 시간, 내가 속해 있는 이 地上의 갸륵한 시간을, 유리창을 밤새 두드리고 있는 저 눈발들, 허공의 유목민들

26

그러나 고갱 출판사 한 켠 다락방에선 아직도 누군가 웅크리고 앉아 밤새 시를 쓰고 있지

27

톱밥 난로, 고갱 출판사에서는 톱밥 난로의 불꽃으로 시를 인쇄하지!

28

 그리고 밤새 생은 조금씩 무너져 내리고 있었는지도 모른다, 고요하게 타오르던 톱밥 난로의 불꽃, 그 붉은 산맥 곁에서 밤새 나의 겨울도 조금씩 덥혀져 하르르 하르르, 생 쪽으로 무너져 내리고 있었는지도 모른다, 그러나 덥혀진 핏방울 속으로도 끝내 바람 불어 가루약처럼 번져가던 눈보라의 겨울밤, 톱밥 난로에 세 들어 살던 가난한 청춘의 갸륵한 天窓을 아득한 깃발처럼 이제 난 아예 잊었는지도 모른다

29

 가스 레인지의 불꽃, 저 끝없이 내리는 함박눈의 욕망, 실내의 화분엔 나무 한 그루, 흙 속에 감추어둔 은밀한 뿌리의 생애, 아직은 어두운 새벽, 눅눅하고 오래된 노트 한 권을 들고 누군가 가스 레인지의 푸른 불꽃 속으로 걸어 들어가고 있다

30

그러나 아직은 어두운 전등寺의 새벽이다

31

실내악, 나의 기침 소리

32

또 다른 실내악, 담뱃재 사각사각 타들어가는 소리

33

북소리, 멀리서 네 심장이 뛰는 소리

34

아 아직은 어두운 아무르 강가의 새벽, 전등寺 아래, 별들의 뒤척거리는 소리가 들리는 여기는 고갱 출판사

35

톱밥 난로의 연통으로, 세상의 아침에 시를 흘러보내는

고갱 출판사

36

대장정, 누군가 말을 타고 밤새도록 달려와 당도한 국내성의 아침, 지난밤 구름들도 참 오랫동안을 걸어 당도한 集安의 아침, 이제사 처마 끝에 매달려 지안지안 흔들리는 물방울들, 이제사 톡톡 당나귀 걸음 소리를 내며 떨어지는 물방울들, 달단族의 음악

37

광목천을 말굽에 싸고 女眞女眞, 흰 눈밭 위를 걷는 당나귀들, 고갱 출판사의 음악

38

여진여진 음악 소리 들리는 여기는 고갱 출판사, 내 낡은 타자기에 아들이 붙여준 이름!

39

아침이야, 파베세!

40

나야, 고갱 출판사에서 왔어, 체야

41

톱밥 난로의 불꽃을 가지고 왔어, 그대 시를 인쇄하려고, 내 가슴에!

42

어젯밤 자네가 돌아간 뒤 고갱 출판사 톱밥 난로 곁에서 프레데릭 파작과 한잔 더 마셨지, 아침이야, 파베세, 한잔 더 마셔야지, 밤새 눈이 내렸다니까, 술 한 통 차고, 이 새하얗고 눈부신 아침의 길을 **重慶重慶** 걸어, 저 언덕 너머 로맹 가리네로 가야지

43

안드레서 세고비아도 지쳤나 봐, 디 마이너에서 기타 연주가 끝났어, 씨, 씨에서 다시 연주가 시작돼야 하는데 말이야

44

지 세븐, 가르시아 로르까, 에이 마이너, 라이너 마리아 릴케, 씨, 파울 첼란

45

씨양씨양, 새들이 울고 있는 아침이야 마야코프스키 씨, 볼프 본드라체크 씨, 루이스 세풀베다 씨, 앨런 긴스버그 씨, 잉게보르크 바하만 양이 누군가의 집에 모여 '미국에서의 타자기 던지기'를 했대, 거대한 괴물의 심장에 그깐 타자기를 던지다니!

46

아침이야, 파베세, 여기에선 고요히 숨 쉬는 것도 이미

하나의 혁명이 돼비렸어

            47

 밤새 하얀 계엄령의 폭설이 떨어졌어, 녹차도 다 떨어졌어, 고갱 출판사에 아침이 오는 것이 두려워

            48

 지금 쓰고 있는 이 시를 팔아서 겨울 날 땔감을 사야 하나, 이 겨울을 어떻게 버티지, 내 낡은 타자기를 들고 또 어디로 이주해야 내 영혼의 고원에 림시정부의 검은 천막을 칠 수 있을까

            49

 그런데 도대체 어디로 가야 톱밥을 구할 수 있는 거야, 아 백두산 자작나무 톱밥 냄새 물큰 밀려오는 저녁, 톱밥 난로의 불꽃, 지상의 별빛처럼 돋아나는 저녁의 제재소는 어디에 있는 거야

50

그런데 도대체 倭 이 아침은 내 다락방에, 오래전에 사절한 저 너절한 植民의 햇살을 넣고 있는 거야

51

아침이야, 파베세!

52

그런데 도대체 이 시는 왜 자꾸만 길어지는 거야(나도 몰라!)

53

그런데 도대체, '도대체'가 왜 자꾸만 혀끝에서 체체체, 맴도는 거야(나도 몰라!)

54

倭倭倭, 왜가리는 왜왜왝, 울며 날아가는 것이야(나도 모른다니까!)

55

그대를 모른다고 세 번씩이나 부인을 해도, 나도 모르게 자꾸만 혀끝에 맴도는 그대 이름, 지상의 내 유일한 거처!

56

아침이야, 로맹 가리, 그대가 이 地上의 골목 한 모퉁이에서 만났던 개들이 저 하얀 눈밭 위를 걸어오고 있잖아

57

그대가 페루로 날려 보낸 새들은 이미 다 죽었는데, 또 저렇게 많은 새들이 하얗게 날갯짓하며 다시 地上으로 내려오고 있잖아

58

눈발들, 저 들판을 말 달리는 지상의 실내악

59

음악들, 고독이 또 다른 고독과 만나 高句麗高句麗 넓

어지는 소리

60

음악들, 침묵이 또 다른 침묵 위에 百濟百濟 쌓이는 소리

61

음악들, 얼음장 속 송사리들 소리 없이 新羅新羅 지느러미 흔드는 소리

62

간밤의 음악들, 밀롱가, 밤새 눈발들 서로 입 맞추던 소리, 밀롱가, 밀롱가, 누군가 말발굽에 헝겊을 싸고 고요히 이 지상을 빠져나가던 소리, 밀롱가, 밀롱가, 밀롱가, 누군가 다시 내 곁으로 다가와 고요히 속삭이던 소리

63

흐음! 이제사 전등寺에 불 꺼지는 소리

64

전등寺의 아침이다

65

저 들판으로 쏟아져 내린 간밤의 별들 좀 봐

66

두려움과 공포가 눈부시게 펼쳐진 신세계의 아침이다

67

아들아, 나는 간밤의 폭설에 너무 취했구나, 어서 일어나 내 낡고 무거운 타자기의 생을 어디론가 좀 옮겨주련, 고갱 출판사가 온통 흰 눈에 파묻히기 전에!

68

가스 밸브도 좀 잠그고!

69

이젠 음악도 좀 끄고!

70

마당의 눈들도 좀 치우고!(그게 다 인생 공부란다)

71

아들아, 저 눈 쌓인 길을 따라서, 우리 언제 한번 소풍 가자(감자라도 좀 구워서), 그렇게 걷다 보면 닿을 수 있겠지, 우리 영혼의 푸른 고원

72

여기와 거기 사이에, 우리가 지금, '이렇게', 있는 거란다

73

내면과 외면 사이에

74

밴드와 오케스트라 사이에

75

산뚱 반도와 저 낯선 아메리카 사이에

76

세계와 인류와 뒤뚱거리며 떠도는 그림자들 사이에

77

두려움과 떨림 사이에, 망설임과 폭설 사이에

78

망가진 기타와 낡은 타자기 사이에, 삐걱거리는 침묵과 덜컹거리는 음악 사이에, 사진기와 사진 사이에, 11월과 12월 사이에, 우리가 있는 거란다

79
아니 어쩌면 우리는 없는 거란다, 11월과 12월 사이에

80
어쩌면 음악만이 있었던 거란다, 1월과 2월 사이에

81
그래, 어쩌면 밤의 전등寺, 고갱 출판사에서……

82
……

83
톱밥이……

84
다……

85
떨어져……

86
어쩌면 폭설!……

87
떨어져……

88
젠장!……

89
독립 전쟁!……

90
톱밥 난로의……

91

불꽃의……

92

실내악의……

93

시!……

94

아, 그녀의……

95

終戰의……

96

따스한 혀의……

97

調書!……

98

아……

99

다……

100

어쩌면 다……녹음된 거란다!

101

보이지 않는 것들이 보이는 것들을 연주하던 워터멜론 슈가의 밤에

102

눈발들 밤새도록 지상의 실내악을 연주하던 밀롱가

의 밤에

103

간밤의 폭설과 아침의 설원 사이에서, 하나의 다락방과 열두 개의 계단 사이에서

104

어쩌면 톱밥 난로의 내면! 아니 어쩌면 그 열렬한 불꽃들의 고독 속에서

아무르 강가에서

그대 떠난 강가에서
나 노을처럼 한참을 저물었습니다
초저녁별들이 뜨기엔 아직 이른 시간이어서, 낮이
밤으로 몸 바꾸는 그 아득한 시간의 경계를
유목민처럼 오래 서성거렸습니다

그리움의 국경 그 허술한 말뚝을 넘어 반성도 없이
 민가의 불빛들 또 함부로 일렁이며 돋아나고 발밑으로는
 어둠이 조금씩 밀려와 채이고 있었습니다, 발밑의 어둠

 내 머리 위의 어둠, 내 늑골에 첩첩이 쌓여 있는 어둠
 내 몸에 불을 밝혀 스스로 한 그루 촛불나무로 타오르고 싶었습니다

 그대 떠난 강가에서
 그렇게 한참을 타오르다 보면 내 안의 돌멩이 하나
 뜨겁게 달구어져 끝내는 내가 바라보는 어둠 속에

한 떨기 초저녁별로 피어날 것도 같았습니다

그러나 초저녁별들이 뜨기엔 아직 이른 시간이어서
야광나무 꽃잎들만 하얗게 돋아나던 이 지상의 저녁
정암사 적멸보궁 같은 한 채의 추억을 간직한 채
나 오래도록 아무르 강변을 서성거렸습니다
별빛을 향해 걷다가 어느덧 한 떨기 초저녁별로 피어나
고 있었습니다

키스의 음악이 완성되었다

바닷가에서 불어오던 남풍을 생각한다
니코스 카잔차키스의 수염을 생각한다
종려나무 사이로 빠져나가던 썰물들의 한숨을 생각한다
꿈꾸는 자들의 눈동자 속을 헤매던 풍경들의 미세한 떨림을 생각한다

그대가 나를 꿈꾸지 않으므로 나는 오래도록 그대를 꿈꾸었다
그대가 나를 연주하지 않으므로 나는 오래도록 그대를 연주했다
그러한 것들이 음악이 된다고 믿던 날들이 있었다
음악이 있으므로 모든 것이 부드러워질 수 있다고 믿던 날들이 있었다

키스가 남겨놓은 남풍에 대하여 생각한다
키스가 남겨놓은 수염에 대하여 생각한다
키스가 남겨놓은 썰물들의 한숨과 풍경의 미세한 떨림에 대하여 생각한다, 그러한 것들을 생각하는 동안 아무

도 꿈꾸지 않는 키스의 음악,

음악이 완성되었다

은뎰레 기타와 이낭가의 줄을 합치면 11줄이다
아니 44줄이 될 수도 있겠다

해설

마흔네 줄의 불꽃을 연주하는 호랑이

엄경희(문학평론가)

풍부한 변주들

반복은 시작되는 순간부터 낡아버리는 운명에 처해지거나, 아니면 이전의 것을 압도하는 풍부함으로 되살아나거나 하는 두 길만을 갖고 있다. 동일한 주제와 동일한 사태, 동일한 서정이 지속적으로 반복될 때 대부분의 시는 절박함을 끝내 울려주지 못한 채 낡음과 지루함으로 떨어지고 만다. 이때 반복은 한 시인의 상상력이 사멸해가는 징후일 수도 있다. 그렇기 때문에 한 시인이 전과 동일한 서정을 반복해서 밀고 간다는 것은 결코 쉬운 일이 아니다. 더욱이 새로움을 광적으로 좇으며, 새로움에 강박되곤 하는 이 시대에 반복이란 무모한 일일 수도 있다. 그러나 새로움의 노예가 되어 이전의 옷을 버리고 아무 옷이나 마구 걸쳐대는 것은 또 얼마나 천박한가. 박정대는 그의 시가 출발한 90년대 초반부터 이번 세 번째 시집에 이르기까지 동일한 서정을 집요하게 밀고 가면서 자기의 내적 절박함을 반복해서 드러내고 있는 특이한 경우라 할 수 있다. 그러나 박정대의 세 번째 시집은 낡음과 지루함을 가로질러 우리 앞에 풍부한 변주들을 꺼내놓는다. 이 변주들에는 이전의 시집에서 이미 보았던 촛불과, 워터멜론슈가와 눈먼 무사와 골방과 음악과 눈발이 다시 등장한다. 그러나 이것들은 동어반복을 넘어서 더없이 풍부한 성찬이 되어 되살아난다.

  이미 노래했던 것을 다시 반복하면서 그 반복의 진부함을 여지없이 벗어나는 그의 시편들 이면에는 이 세계에서 "심근경색성고독을동반한사회부적응성내분비호르본과다분비로인한반가사유적염좌"(「환등기」)를 앓고 있는 시인의 낭만적 자아가 있다. 그는 그의 푸른 지도의 밤으로 은델레 기타와 이낭가와 하노이의 낡은 풍로와 서러운 악보를 몰고 가는 마부이다. 이 낭만적 자아는 우리에게 "영혼의 무게가 사라진 세계에서는 허공을 날아다니는 무사들의 음악이 필요하네"(「안녕하세요, 투르니에氏」)라고 말한다. 그리고 "혁명은, 혁명을 꿈꾸던 자들의 내면 속에서 어느 날 스스로 무장해제되었다"(「생의 일요일들」), "서울이라는 이름의 구역질나는 자본주의, 그 자본주의에 빌붙어 사는 그 모든 개떼들로부터 우리는 잠시라도 떠나고자 했던 것이다"(「망기타」)라고 단호하게 말한다. 이들 시 구절에서 읽혀지는 세계에 대한 혐오감이야말로 박정대의 낭만적 자아가 거듭 소생하게 되는 이유이다. 낭만적 자아는 이곳의 혐오를 저곳의 환상으로 불 지르는 혁명가이다. 그런데 박정대의 낭만적 자아는 탄환이 아니라 음악으로 이 세계의 혐오를 지우며 '푸른 고원'으로 자기를 밀어 올린다.

  이 시집은 푸른 고원으로 필사적으로 스며가는 그의 음

악들을 기록한 악보이다. 흥미로운 것은 마흔네 편의 시가 흘러가는 음악적 운동성이다. 시인은 시집을 세 개의 장으로 구성하고 있는데 첫 번째 장은 "은델레 기타는 3줄이다", 두 번째 장은 "이낭가는 8줄이다", 마지막 세 번째 장은 "은델레 기타와 이낭가의 줄을 합치면 11줄이다 아니 44줄이 될 수도 있겠다"로 각각의 소제목을 붙이고 있다. 그리고 마지막 장은 제목만 있을 뿐 더 이상의 시는 담겨 있지 않다. 그는 마지막 장에 긴 침묵을 남겨놓고 있는 것이다. 모든 말과 소리가 정지한 그 적막의 공간은 소리의 잔상이 다시 모여들고 그것들이 또다시 시작될 태내라는 생각을 불러일으킨다. 각각의 장에 담겨 있는 시편들은 마치 음악의 장단·고조가 물결치듯 그렇게 흘러간다. 이때 그의 시의 현은 수시로 증감하면서 이 시집의 백미라 할 수 있는 「室內樂」에서 절정을 이룬다. 104개의 단상을 모아 놓은 「室內樂」은 낭만적 자아의 정신적 움직임을 낱낱이 '녹음'하고 있는 시편이다. 한편 박정대의 시를 연주하는 악기가 마두금이든, 산초나무든, 천 가닥의 현이든 그것은 끊어진 한 줄기 기타 줄(「망기타」)에서 나온다는 사실을 기억할 필요가 있다. 끊어진 한 줄기 기타 줄은 지금 여기에 없는 '그대'의 긴 머리카락이며 사랑이다. 끊어진 한 줄기 기타 줄은 그대가 없기 때문에, 없음이 아프기 때문에 소리를 낸다. 그 소리는 처연하지만 활달하다. 이 시집에 실린 마흔네 편의 시는 이처럼 처연하고 활달한 하나의 목소리에서 흘러나오는 변주다. 그런 의미에서 마흔네 편은 한 편의 장편 서정시라고 할 수 있다. 나는 여기서 자기 고백이 함축적 긴장을 손상하지 않으면서 무한정 길어질 수 있다는 사실을 처음으로 체험한다. 이는 음악으로나 가능한 것이 아니었던가. 그래서인지 이번 시집에는 앞서 출간한 두 권의 시집과 달리 그림이나 사진이 보이지 않는다.

악기의 사원

애초부터 존재하지 않는 꿈을 갈망하는 자, 혹은 아주 잠시 내 생의 시간을 스쳐간 추억과 사랑을 다시 불러내고자 하는 자는 없는 것으로 자기의 현존을 채워야 하는 고독한 자이다. 그가 닿을 수 없는 것들을 향해 자기의 의식을 여는 순간 실제 존재해 있는 그의 시간과 공간은 견딜 수 없는 고통으로 물든다. 그것은 여기가 '아니다'라는 사실과 더불어 내가 꿈꾸는 것은 여기에 '없다'는 사실을 반복적으로 확인하는 고통이다. 박정대의 고독의 언어는 이와 같은 현존으로부터 배태된다. 그런데 그의 고독을 부추기는 것은 이것만이 아니다. 시인은 「악사들」에서

"이제는 아무리 그대를 생각해도 더 이상 아프지도 않아/ 나는 아프네"라고 고백한다.「그 깃발, 서럽게 펄럭이는」 에서는 "물결처럼 밀려오는 서러움 같은 건/외상처럼 사 랑을 구걸하던 청춘도 빛바래어/이제는 사람들 모두 돌 아간 기억의 해변에서/이리저리 밀리는 물결 위의 희미 한 빛으로만 떠돈다는 것"이라고 고백한다. "바람이 깎아 놓은 먼지조각처럼"(「내 낡은 기타는 서러운 악보만을 기 억하네」) 꿈과 추억과 사랑이 의식 속에서 낡아갈 때 이 낭만주의자의 생의 의미는 증발하고 만다. 더 이상 꿈꿀 수 없는 존재의 낡음으로 가지 않기 위해, 속악한 세계와 몸 섞지 않기 위해 그는 필사적으로 끊어진 망기타의 줄 을 다시 매고 검은 천막의 밤을 지나 '그대'에게 귀환해야 하는 것이다. "물미역 같은 퍼어런 서러움"(「백야」)이 음 악이 되는 고독의 시간을 지나 그는 자신의 생의 의미를 되찾아야 하는 것이다. 그러나 밤의 여행은 쉽게 떠나지 지 않는다.

*

마음이 아파오자 누군가 씨클로를 끌고 나에게 다가왔다

*

나를 무옹족의 아오자이 천사에게로 데려다 줄 수 있냐고

나는 물었다, 여기서 멀다고 했다

*

나를 티엔무寺로 데려다 줄 수 있냐고 물었다, 역시 여기서 멀다고 했다

*

나를 후에 시내의 후옹 강으로 데려다 줄 수 있냐고 물었다, 그곳 역시 여기에선 너무 멀다고 했다

*

나를 호치민市의 중앙 우체국으로 데려다 줄 수 있냐고 물었다, 그곳까진 씨클로로 갈 수 있는 거리가 아니라고 했다

*

나를 잃어버린 내 옛사랑에게로 데려다 줄 수 있냐고 물었다, 신 로이, 쾅 머이 풋, 미안합니다만, 몇 분 정도 걸립니까, 라고도 물었던 것 같다, 그는 고개를 절레절레 흔들며 씨클로를 돌려 떠나버렸다

—「하노이 36거리의 시」부분

씨클로로 갈 수 없는 먼 곳에 무옹족의 아오자이 천사

와 티엔무寺와 후옹 강과 우체국과, 잃어버린 옛사랑이 있다. 이 꿈의 공간은 씨클로로 갈 수 없듯이 몸으로도 갈 수 없는 곳이다. 몸으로 갈 수 없는 곳을 갈망할 때 존재의 고독은 해소되지 않는다. 그것을 시인은 "백 년 동안의 고독이 비 내리다 눈 내리다 지쳐 이제는 파두, 파두, 파두, 소리치며 나에게로 쏟아져오는 고독의 흙밤"(「당나귀 여린 발자국으로 걸어간 흙밤」) , 혹은 "內蒙古의 겨울 같은 내 몸"(「室內樂」)이라고 고백한다. 그는 존재의 "이 낡은 정원을 떼 매고 더 깊고 아득한 폐허로"(「폐허의 속도」) 잦아들고 있는 것이다. 박정대의 시에서 이런 폐허의 시간은 고독의 문턱, 끊어진 망기타, 추운 밤하늘, 검은 천막으로 표현된다.

  그러나 시인은 스스로의 고독에 압도되어 무거운 감상성으로 독자를 압박하지 않는다. 박정대 시의 가장 큰 미덕이 여기에 있다. 낭만적 정신이 현실에 대한 비애와 절망에서 비롯한다고 할 때 그것이 비탄과 슬픔의 외연을 불러오는 것은 어찌 보면 자연스러운 귀결일지도 모른다. 그러나 비탄과 슬픔이 자기 위안의 형식으로 변질될 때 그 낭만성은 허위적인 것으로 화하고 만다. 간혹 병듦이 고뇌로, 감상성이 치열함으로, 환자가 예술가로 오인되는 사태가 낭만성이라는 문제를 둘러싸고 발생하기도 하는데 이러한 오해야말로 낭만적 본질을 해치는 것이라

할 수 있다. 자기 슬픔의 포즈를 스스로를 위안 삼는 자는 그야말로 마음이 병든 자일뿐이다. 진정한 낭만주의자는 비탄과 슬픔을 끌어안은 채 도도한 자기 세계를 건설하는 자이다.

　낮에 내리던 눈발 아직도 여전히 남아서 서성거리는 이 밤을
　한 잔의 찻물 속에서 고요히 끓어오르는 이 겨울밤을, 잠들지 못한 내 마음이 끝내 불 밝히고 있는

　이 地上의 전등寺 한 채
　　　　　　　　　　　　　　　　　　―「전등寺」부분

26
　그러나 고갱 출판사 한 켠 다락방에선 아직도 누군가 웅크리고 앉아 밤새 시를 쓰고 있지

27
　톱밥 난로, 고갱 출판사에서는 톱밥 난로의 불꽃으로 시를 인쇄하지!
　　　　　　　　　　　　　　　　　　―「室內樂」부분

지상에 없는 시간과 공간을 꿈꾸는 박정대의 낭만적 자아가 '흙밤'의 고독을 딛고 지상의 질서를 빠져나가는 매개 공간이 '전등寺'이며 '고갱 출판사'이다. 이는 세상의 지붕보다 높은 다락방, 마구간의 밤, 수도원의 골방, 촛불의 사원, 집시의 시간 , 밤의 부둣가로 표현되기도 한다. 이처럼 다양한 변용을 가능케 하는 시인의 풍요로운 상상력은 일차적으로 그의 변주를 지루함 없이 읽게 하는 힘이 된다. 전등寺와 고갱 출판사로 대변되는 이 심리적 공간은 낭만적 자아의 고독이 모여드는 공간이면서 동시에 그 고독을 '불'로 바꾸는 전환의 공간이다. 마음에 켜지는 불과 시를 인쇄하는 톱밥 난로의 불꽃으로 그는 꿈으로 가고자 하는 자신의 열망을 풀무질한다. 이를 "다시, 천 개의 流星이 천 개의 시를 쓰며 지나가는 내 안의 어둠, 지금 어둠 속에서 빛나는 것은 다 시!"(「室內樂」)라고 고백한다. 씨클로와 몸으로 도달할 수 없는 곳으로 가기 위해 이 불꽃들은 무형화된 몸이 되지 않으면 안 된다. 그것이 박정대의 '음악'이다.

    그대를 꿈꾸어도 그대에게 가 닿을 수 없는 마음이 여러 곡의 음악을 만들어내는 저녁입니다
    음악이 있어 그대는 행복합니까 세상의 아주 사소한 움직임도 음악이 되는 저녁, 나는 아무것도 하고 싶지 않아, 누워

서 그대를 발명합니다

—「그대의 발명」부분

내가 꿈꾸는 세계는 하나의 거대한 비파

호랑이들의 정원도 그 비파 속에 있다네, 비파 속 정원에선 밤마다 달이 뜨고 가을이 되면 호랑이들 뚝뚝 떨어지네

비파 속 정원에서 무사들은 사랑하는 사람을 벨 수 없어 밤마다 자신의 心琴을 연주하네

—「악사들」부분

공기화된 몸이야말로 가장 자유자재한 존재의 형상일 것이다. 그것은 여기에서 저기로, 지상에서 꿈으로, 현재에서 과거로, 없음에서 있음으로 비약해 갈 수 있는 낭만적 존재의 가능태이다. 음악은 몸으로는 닿을 수 없는 그대를 발명해내는 상상적 힘이며, 끝내 벨 수 없는 사랑을 다시 되찾아가는 동력인 것이다. 이 공기적 존재의 열망을 담고 있는 것이 박정대의 시에 등장하는 수많은 악기와 악기화된 사물들이다. 은델레 기타, 이낭가, 마두금, 망기타, 산초나무, 鐘樓, 비파 등이 그것이다. 이 모든 악기는 박정대의 시적 자아를 나타내는 상징물이다. 그의 시

적 자아들, 즉 호랑이와 눈먼 무사, 악사는 이 악기 속에 거주한다. 그들은 악기들의 사원인 것이다. 그들은 서러운 악보를 연주함으로써 '삶의 기원'에 닿고자 한다.

동시성의 미학

박정대의 음악은 어떻게 "늙은 세상"(「악사들」)을 너머 저곳으로 갈 수 있는가. 음악은 무한정 퍼지고 스미면서 모든 경계를 지워버리는 숨결이다. 그것은 부피와 질량을 버림으로써 몸 없는 몸으로 시인의 푸른 지도를 만들어간다. "음악은 내 안의 날숨과 들숨이 세상을 향해 뚫어놓은 작은 통로, 맑고 차가운 숨결들이 누 떼처럼 넘나드는 저 벅찬 통로, 날것들이 생생하게 드나드는 저 生의 경계선"(「눈먼 무사」)에 당도할 수 있는 유일한 방식이다. 음악은 지상의 소음을 뚫고 내 마음의 武川으로, 하노이 36거리의 낡은 풍로로, 대초원으로, 아무르 강가로, 성스러운 캉린포체의 달빛 아래로, 珍南의 눈동자 속에 있는 스물두 살의 나에게로, 섬진족의 가을로, 그대 물동이 속으로, 눈의 부두로, 생의 일요일로, 고향으로, 사랑의 적소로, 민물 새우 끓어 넘치는 저녁으로, 우리 영혼의 푸른 고원으로 나를 밀고 가는 열두 개의 계단이며, 구천구

백스물다섯 개의 촛불이며 내 마음의 몽골리안 루트이다. 음악의 몸을 빌어 시인의 낭만적 자아는 갈 수 없는 그 모든 곳에 도달한다. 그의 음악은 '끊어진' 한 가닥의 망기타에서 흘러나오지만 그것은 수천 가닥의 푸른 길을 동시에 열어놓음으로써 나에게 萬有의 생을 되돌려 준다. 나는 음악이 되어 수천 가닥의 푸른 길에 편재하는 것이다. 이러한 편재성과 동시성을 시인은 "저녁에 눈이 내렸다, 눈이 내려서 내가 가지 못하는 곳까지 눈발들은 다 가 주었다/저녁에 눈이 내렸다, 눈이 내려서 내가 묻지 못하는 사랑까지 눈발들은 다 물어주었다"(「자스민 푹푹 삶는 밤」)로 표현하기도 한다.

편재성과 동시성은 존재의 물리적 한계와 삶을 얽어매는 이념으로부터 자유자재하고자 하는 시인의 지향과 관련한다. 예를 들어 「백야」에 나오는 "나는 시간의 질서 따위에 속해 있지 않다"라든가, 「망기타」에 나오는 "종교와 국가를 넘어가면 그곳에 건물과 불빛이 있다" "珍南, 조선족과 중국인과 내몽골 자치구 인민을 넘어가면 그곳에 네가 있다" "마오쩌뚱의 초상도/明十三陵 가는 길/틈왕 이자성의 동상도/나는 칭따오 삐주를 마시며/통과한다"와 같은 구절은 이와 연관된다. 종교와 국가, 이념, 질서, 그리고 너와 나의 가름을 넘어서 무정부주의자의 자유를 시인은 존재의 편재성과 동시성으로 탈환하고자 하는 것이다.

  이러한 자유는 이전의 시집에서 보았던 "나는 스스로 아무것도 아닌 것들을 위하여/나는 스스로 감히 글을 쓴다"(「아무것도 아닌 것을 위하여」)는 시인의 신념과 맞닿아 있다. '아무것도 아닌 것들'이 지닌 無慾의 상태, 그 쓸모없음과 무구함만이 경계를 지우는 힘이 될 수 있기 때문이다. 속악한 세계에서 '무엇이 되고자 함'은 곧 경계를 가르는 원인이 되며, 결국 우리를 억압하는 부조리한 힘으로 작용하게 된다. 따라서 박정대의 시에서 간혹 발견되는 '아무것도 아닌 놀이'는 편재성과 동시성이 함축하고 있는 그의 자유 지향과 무관하지 않게 여겨진다.

    이젠 이곳의 차가운 바람에도 지쳐버렸어
    이 겨울이 끝나기 전에
    하노이 36거리에 가서
    라면 장사나 할까 해
    자전거들이 서로 부딪치며 지나가는
    그 좁은 거리의 길모퉁이 가게에서
    푸른 새벽의 냄새를 맡으며
    낡은 풍로로
    라면을 끓이리

못, 하이, 바, 본, 남, 사우, 바이, 땁, 찐, 무어이

일, 이, 삼, 사, 오, 육, 칠, 팔, 구, 십

내 마음에 떨어지는 눈발의 숫자를 세며

—「하노이 36거리」부분

모니엔 모 위에 디 모 이티엔

지우 씨앙 이 장 포쑤이 더 리엔

난이 카우커우 슈어 짜이 찌엔

지우 랑 이치에 저우 위엔

쩌 부스 찌엔 롱이 디 쓰

위먼 취에 떠우 메이여우 쿠치

랑타 딴딴 디 라이

랑타 하오하오 더 취 따오 루찐

니엔 푸 이 니엔

워 부 녕 팅즈 화이니엔

화이니엔 니

화이니엔 총 치엔 딴 위엔 나

하이펑 짜이 치 즈웨이 나 랑화 디 셔우

치아 쓰 니 디 원러우

그렇다면 지금 그대들이 읽고 있는 이것은 노래인가 시인가, 등려군이 부르는 노래인가 내가 쓰는 등려군에 관한 시인

가

  등나무 아래서 등려군을 들었다고 하기엔 밤이 너무 깊다 이런 깊은 밤엔 등려군의 노래나 받아 적으면 되는 것이다, 깊은 밤에, 시란 그런 것이다
                                      —「망기타」

  낡은 풍로가 있는 하노이 36거리에서 라면이나 끓이며 떨어지는 눈발의 숫자를 세어보는 것, 깊은 밤에 이국의 노래를 받아 적고 있는 것과 같은 놀이는 이 지상의 속도와 욕망을 벗어난 '쓸모없는', 놀이들이다. 아무것도 아닌 이 놀이의 매혹은 무엇인가. 그것은 아마도 한가한 외로움일 것이다. 세금고지서와 뉴스와 시간표와 자동차 소음과 잡동사니와 지리멸렬이 빠져나간 설렁설렁한 이 외로움의 시간은 아무것도 아니기 때문에 맑음이 될 수 있다. 그것이 또한 박정대의 '음악'이다. 따라서 인용한 시들에서 보이는 이국의 언어들은 욕망을 벗어난 음악적 놀이의 기표이며, 의미의 압력을 벗어난 소리의 울림이다. 해서 虛하고 쓸쓸한 이 놀이는 우리를 짓누르지 않는다. 자유인 것이다.

삶의 기원을 찾아서

자유로운 공기의 몸이 되어, 음악이 되어 박정대의 낭만적 자아가 도달하고자 하는 武川과 대초원과 섬진족의 가을 등등은 어떤 세계인가. 그것은 '생의 일요일들' 즉 분열과 분망이 사라진 휴일의 시간이다. 거기는 잃어버린 그녀가 있는 푸른 지도의 끝이다.

25

그 女子의 목덜미에 쌓인 눈을 내 수염으로 다 치우고 나면 그 女子의 몸은 어느덧 석양 무렵에 다다르고 그 女子의 가슴 속에선 덜컹거리는 음악 소리를 내며 협궤열차가 지나가곤 했다

26

협궤열차가 지나다니는 그 女子의 비탈진 몸에서, 그 가파른 생의 기찻길 옆에서 푸른 숨결의 음악을 연주하며 나는 오래도록 살고 싶었다

―「생의 일요일들」 부분

에로틱하면서도 애잔한 이 사랑의 풍경은 왜 그토록 사람들이 아름다운 사랑에 헌신하는가를 충분히 일깨워준

다. '푸른 숨결'로 서로를 물들이는 생명적 시간 속에서 한 존재는 자신의 존재 의미를 풍부하게 체험하게 된다. 덧없고 순간적일지라도 이 깊이에의 체험은 기실 '쓸모 있는 것들'에 대한 무도한 욕망이 얼마나 허위적인 것이었나를 느끼게 한다. 존재는 사랑으로 가득한 생의 일요일을 통해 잃어버린 시간의 입맛과 즐거움을 되찾는 것이다. 이 게으르고도 열정적인 생의 한때를 살아보는 것이 오히려 생을 낭비하지 않는 것이라고 시인은 말하고 있음이리라. 거기로부터 온전한 존재가, 존재의 기원 또한 되살아난다.

    삶은 고조곤히 저 스스로의 기원을 찾아가는 밤입니다 나는 나의 나귀를 타고 씨양, 아직 태어나지도 않은 그대를 찾아가는 밤입니다
―「삶의 기원」 부분

    나는 걸어서 가을 저녁寺에 당도합니다

    한 사내가 물거울에 자신의 낯을 비추어보며 추억을 빨래하고 있는 가을 저녁입니다
―「가을 저녁寺」 부분

내가 한 마리의 식물처럼 고요했던 시간, 내가 한그루의 짐승처럼 그렇게 타올랐던 시간, 바람과 불의 시간을 지나 공기의 정원에서 내가 얼음꽃을 피워 올렸던 그 단단한 침묵의 시간을 찾아 나는 나섰다
―「그때까지 사랑이여, 내가 불멸이 아니어서 미안하다」
부분

여기서 이전의 시집에서 볼 수 있었던 몇몇 구절들을 상기해 볼 필요가 있다. 예를 들어 "진실로 처음부터 나는 존재하지 않았었던가"(「外一篇」), "내 피는 원천도 없으며 아무도 마시려고 하지 않는다"(「나는 희망에 관해 말하려고 한다―불한당들의 세계사 6」), "나는 자살한다, 남들에게 무익하니까, 나 자신에게 위험하니까"(「나 자신에 관한 調書」)가 "내가 누구인지 당신은 좀 궁금해 하겠지만, 나는 정해진 이름을 갖고 있지 않은 그런 사람들 중의 하나다. 내 이름은 당신에게 달려 있다"(「열두 개의 촛불과 하나의 달 이야기」) 등과 같은 구절을 통해서 박정대는 끊임없이 '나'에 대한 질문을 하고 있었다는 사실에 대해 다시 한 번 주목할 필요가 있다. 시인이 지속적으로 환기하고 있는 고독과 사랑이라는 생의 문제는 '나'라는 존재의 문제를 포함하고 있는 것이다. 위에 인용한 시에서 보듯이 '그대'에게로 가는 음악의 시간은 물거울에 자

기를 비추는 시간이며, 잃어버렸던 나를 찾아가는 시간이다. 무익했던 나는, 아무것도 아닌 것에 집착하는 나는, 그래서 고독한 나는, 속악한 세계를 벗어나 '생의 일요일'에 당도할 때 비로소 나의 존재 의미를 되찾는 것이다. 그렇기 때문에 내가 그토록 갈망했던 '그대'는 곧 내 생의 의미를 비추는 거울이며, 나의 기원인 것이다. 촛불로 불꽃으로 돛배로 음악으로 내가 거기에 무수히 가야 하는 이유이다.

불멸은 완성되지 않는 것

지상의 시간을 수없이 빠져나갔다 되돌아오는 반복 속에 박정대의 낭만적 자아는 존재해 있다. 그는 비파와 이낭가와 은델레 기타를 통해 "말발굽에 헝겊을 싸고 고요히 이 지상을"(「室內樂」) 필사적으로 빠져나가 영혼의 푸른 고원을 헤맨다. 그리곤 다시 전등寺이며, 고갱 출판사이며, 촛불의 사원인 그의 고독의 공간으로 되돌아온다. 그곳에서 서러운 악보를 읽으며 불꽃을 일으키고 다시 음악이 되려 한다. 수없이 반복되는 존재의 이 같은 진자 운동을 통해서 시인은 먼지 낀 생의 시간들을 닦아내며 늙은 세상을 건너간다. 진실로 숨을 쉰다는 것이 무엇을 의

미하는지를 발견하는 것이다. 속악하고 혐오스러운 이 세계를 이처럼 끊임없이 넘어서야 하는 것이 낭만주의자의 운명인 것이다. 이곳과 저곳으로, 절망과 꿈으로, 적의와 사랑으로 나누어진 그 사이에 그가 있다. 그 사이에서 음악이 되고자 할 때, 낭만적 정신이 꺾이지 않을 때 생의 의미는 거듭 생성한다. 불멸하는 생은 완성된 귀결이 아니라 그 자신, 영원한 움직임이라 할 수 있다. 그것은 도달할 수 없는 사랑에게로, 꿈에게로 가는 생의 불꽃을 살려내는 내적 에너지 자체인 것이다. 그러니 '나는' 음악으로 불멸한다.

그리고 우리가 먼 훗날, 태양이 식어가는 낡고 오래된 천막 같은 밤하늘의 모퉁이에서 서러운 별똥별로 다시 만난다 하더라도, 나는 아직 살아 있으므로, 나는 불멸이 아니라 오래도록 너의 음악이다

그때까지 사랑이여, 내가 불멸이 아니어서 미안하다
그때까지 사랑이여, 내가 사랑이 아니더라도 나를 꿈꾸어다오
―「그때까지 사랑이여, 내가 불멸이 아니어서 미안하다」
부분

아무르 기타

신판 1쇄 발행 2018년 2월 28일

지은이 | 박정대
펴낸이 | 신동혁
편집 | 안희성
디자인 | 함성호
펴낸곳 | 최측의농간
출판등록 | 2014년 12월 31일 제2017-000232호
주소 | 서울특별시 마포구 마포대로 25 7층 78-1
전자우편 | choicheuks@gmail.com
블로그 | http://blog.naver.com/choicheuks
대표번호 | 0507-1407-6903
팩스번호 | 0504-467-6903

ⓒ 박정대, 2018, printed in Korea

ISBN | 979-11-88672-02-8 03810

    이 책의 판권은 지은이와 최측의농간에 있습니다. 이 책 내용의 전부 또는 일부를 재사용하려면 반드시 양측의 서면 동의를 받아야 합니다.

    이 도서의 국립중앙도서관 출판예정도서목록(CIP)은 서지정보유통지원시스템 홈페이지(http://seoji.nl.go.kr)와 국가자료공동목록시스템(http://www.nl.go.kr/kolisnet)에서 이용하실 수 있습니다. (CIP제어번호: CIP2018004338)